PODER para CAMBIAR

Rompiendo
los Patrones
Destructivos
en Tu Vida

Jason Frenn

Prólogo por Hermano Pablo

Peniel

BUENOS AIRES - MIAMI - SAN JOSÉ - SANTIAGO

www.editorialpeniel.com

Poder para cambiar
Jason Frenn

Publicado por:
Editorial Peniel
Boedo 25
Buenos Aires C1206AAA - Argentina
Tel. (54-11) 4981-6034 / 6178
e-mail: info@peniel.com.ar

www.editorialpeniel.com

Copyright © 2004 Jason Frenn
Traducido al español por: Gerardo Bogantes,
Adriana Valverde y Jason Frenn.
Copyright © 2004 Editorial Peniel

Diseño de cubierta: Brian Kramer
Diseño de interior: arte@peniel.com.ar

ISBN Nº 987-557-040-0

Edición Nº I Año 2004

Todas las citas bíblicas fueron extraídas de la Biblia NVI.

Dedicado a:

Una gran persona.

Una gran cristiana.

Un excelente ejemplo.

Una gran madre,

ROBERTA HART

Fue un día muy caloroso de verano en la ciudad de Bakersfield, California el 27 de junio, 1990. Estaba yo sentado a la mesa y al otro lado una pareja muy joven a quienes mi pastor me sugirió conocer durante un almuerzo. No sabía mucho del muchacho, además del hecho de que cuando se presentó, mencionó que no se crió en un hogar religioso. Me dijo más bien, que venía de una familia loca.

En aquel entonces, Jason Frenn tenía veintitrés años y quería llegar a ser misionero contra viento y marea. Él y su esposa trataban de levantar su apoyo financiero mensual pero tenían muy pocos contactos, casi nada de historia ministerial, y en el caso de Jason, su pasado era muy disfuncional. Su esposa, por otro lado, era la hija de misioneros evangelistas, Ricardo y Juanita Larson quien plantaron muchas iglesias por el continente de América Latina. Se crió como hija de misioneros en Costa Rica, Panamá, y España.

Al contarme Jason su historia de cómo conoció al Señor y lo que Dios estaba dirigiéndolo a hacer, me tocó el corazón. No estaba seguro si fue porque me identificara con la locura de su hogar o si me recordara mi propio pasado. Por más de dos décadas, yo he apoyado y he venido a amar y apreciar cómo Dios los ha usado para tocar a millones de personas alrededor del mundo. Verás, yo también, vengo de una familia loca.

Mi papá nos abandonó por completo cuando tenía cuatro años. Nunca conocí una vida familiar estable. Durante mi niñez, no tenía una figura paterna. Mi mamá se casó cinco veces y comenzaba y terminaba relaciones a menudo. Para mí, la vida era como una montaña rusa con bajadas y subidas emocionales.

Como Jason, algo maravilloso me sucedió cuando tenía quince años. Eso fue cuando tomé la decisión más importante de mi vida. Decidí seguir a Cristo y lo hice Señor de mi vida. Definitivamente, sin duda alguna esa fue la mejor decisión que hubiera podido tomar en mi vida.

¿Fue fácil renunciar a mi propia voluntad por hacer lo que Dios quería que hiciera? ¿O seguir a Jesús me hizo más fácil la vida? ¡Por supuesto que no! En muchas maneras, la vida se puso más desafiante, pero a la vez, Dios me dio una vida con más sentido y con más propósito. Me dio un sentido de gozo y paz.

Después de graduarme de la secundaria, asistí el junior College, que fue todo lo que pude pagar. A los diecinueve años, le propuse a mi novia, Maxine, que se casara conmigo.

Nosotros dos veníamos de hogares humildes. Aunque no era inmigrante, ella trabajaba a la par de muchos recogiendo la cosecha en el Valle de San Joaquín. Éramos tan pobres que claramente recuerdo que sólo teníamos suficiente dinero para comprar galletas de soda y atún por muchas semanas seguidas.

Yo trabajaba duro yo en comestibles comenzando como un cajero, luego subiendo la escalera de la compañía hasta llegar a ser gerente del departamento, luego gerente de la tienda, luego gerente de la división. A la edad de treinta y seis, me empresa me sorprendió. No, no me aumentaron el salario. Más bien, injustificadamente me despidieron. Fue una conmoción que la compañía para la cual fielmente serví por dieciocho años y le ayudé a ser rentable me liberara de mi puesto. Aún el presidente de la empresa sintió que eso fue un error garrafal, y cuando todo estaba dicho y hecho, me ofreció mi puesto de nuevo. Pero sentí que fue el momento para un cambio.

Ahora, cuando muchos sentirían que eso hubiera sido un tremendo revés, yo lo interpretaba como un momento para evaluar mi vida y tomar una nueva dirección. De hecho, le agradecí al equipo de asesores y al vicepresidente que me despidieron y les dije que fue la manera de Dios para redirigir mi vida.

Esa gran transición me cambió la vida, y no lo sabía en el momento, pero tendría un impacto grande sobre millones de personas alrededor del mundo. "¿Cómo?" me preguntas. Con este cambio de dirección, decidí entrar al mundo de construcción. Le pedí a mi padrastro que me enseñara a construir casas. Aunque nunca había unido dos pedazos de madera con un clavo, comencé a aprender a hacer casas a los treinta y ocho años, y antes de cumplir los cuarenta años ya había fundado mi propio negocio de construcción.

Desde aquel entonces, he construido más de 3,000 casas, 300 apartamentos, y mucho edificios de oficinas. Ese cambio de rumbo me prosperó y me dio la oportunidad de sembrar millones de dólares a muchos ministerios, organizaciones sin fines de lucro, universidades, y muchas organizaciones de caridades. A través de los ministerios que hemos apoyado, hemos podido ayudar a miles de personas alrededor del mundo a conocer el poder de Dios, personas iguales a usted. Esa misma decisión ayudó al autor de este libro a llevarle a usted el libro que tiene en sus manos. Maxine y yo hemos estado casados por más de cincuenta y cinco años, y juntos le decimos sin reservas que el Señor es fiel.

Quizás usted está en una posición donde necesita tomar la decisión más importante de su vida. Quizá necesita comenzar a seguir a Cristo. Será, sin ninguna duda, la mejor decisión que puede tomar.

Quizás está en una encrucijada donde experimenta el revés más grande de su vida. Tal vez, está a punto de divorciarse o de la bancarota. Tal vez, está encarcelado, y está esperando el veredicto de un juez. Puede ser que pregunte por qué está aquí o si la vida lleva sentido. Quiero que sepa que si se detiene y le pide al Señor que tome las riendas de su vida, el mejor resultado sucederá. La vida con Dios es mucho mejor que una vida sin Dios, y estoy sumamente convencido que al absorber cada página de este libro, experimentará el poder para cambiar de Dios. Salmo 111 dice: "El principio de la sabiduría es el temor de Jehová; Buen entendimiento tienen todos los que practican sus mandamientos."

Don Judkins

Reconocimientos

Gracias a mi esposa Cindee, por toda tu dedicación al ayudarme para que yo sea la mejor persona posible. Has sido mi mejor amiga y esposa por quince años. Además de la salvación, eres el mejor regalo que Dios pudiera darme.

Gracias a Celina, Chanel y Jazmín, por tener paciencia conmigo durante los meses que tardé en escribir esta obra. Gracias por sacarme de mi computadora y hacerme jugar con ustedes al béisbol en la calle. Las tres han sido las personas más increíbles que he conocido, y las amo con todo mi corazón.

Gracias a Brian y Haidee Kramer por su gran diseño en la tapa. Gracias, Haidee, por las muchas horas que invertiste leyendo, leyendo y leyendo. A los dos: gracias por pararse en la brecha entre los muertos y los vivos con Cindee y conmigo, para proclamar un mensaje de esperanza a la gente que desesperadamente debe de escuchar que Cristo ha venido a liberar a los cautivos.

Gracias a Gerardo Bogantes por el arduo trabajo de traducir esta obra que tocará a centenares de miles de personas. Eres un héroe en la fe y aprecio profundamente tu inversión.

Gracias a Marco y Nydia de Vega, por el apoyo e inversión al leer este libro. Sin ustedes no hubiera sido lo mismo, ni hubiera sido posible. Gracias por las largas horas hasta la madruga que han pasado revisando esta obra.

Gracias a Alessandra De Franco. ¿Qué puedo decir? Me has ayudado a pensar bien en cada transición, a pensar bien en castellano y, además, luchaste bien por los derechos del lector. Él y yo te lo agradecemos.

Gracias a Adriana Valverde por tirarte de pies a cabeza en este proyecto en la última hora. Yo estaba en un lío, y llegaste justo a tiempo. Fuiste enviada por Dios para terminar la obra cuando tenía que hacerse.

Gracias a Rebecca Ruiz por venir a un ministerio que te necesitaba. Llegaste justo a tiempo y has sido un excelente complemento para *Hay Esperanza en Jesús*, y una buena amiga.

Gracias a Walter Barnez, siempre tienes una sonrisa y un abrazo para mí. Gracias por ser la persona que eres. Sin ti *Hay Esperanza* no sería igual.

Gracias a Jose Pizarro por ser amigo y tener los oídos que tienes. Has ayudado a este ministerio a alcanzar niveles que jamás hubiéramos imaginado.

Gracias a Nela de Alvarado por ser una persona tan llena de vida y amor para aquellos que necesitan el amor de Dios. Tienes un don de gente y una sabiduría rara vez vistas en personas de tu edad.

Gracias a Arturo Alvarado (Quacker), por llevar siempre al ministerio hacia la intercesión y al hecho de que Dios sí va a hacerlo.

Gracias a Vera Castro por venir a un ministerio que necesitaba a una persona bilingüe, transparente y con un corazón para Dios. Obviamente, Dios te ha puesto un llamado para alcanzar a las naciones con su amor y mensaje de esperanza.

Gracias a todo el equipo voluntario de *Hay Esperanza en Jesús*. Hemos visto la mano de Dios tocar a más de un millón de personas. Gracias a cada uno de ustedes por transpirar, predicar, orar y colaborar con nosotros.

Gracias a mi pastor Raúl Vargas, por creer en la obra de Dios en mí. Gracias por los años de apoyo, por prestar las instalaciones y, sobre todo, por mandar a la gente que trabaje a la par. Eres un verdadero pastor y una inspiración para mí. ¡Y más que todo, eres un amigo!

Gracias al ministerio de Producciones Peniel, a Omar Daldi y a Ezequiel Cobo. Omar, desde que te conocí en mi oficina me caíste muy bien. Casi tengo ganas de mudarme para la Argentina solo para estar en medio de ese mover tan poderoso.

Gracias al Hermano Pablo por todos los miles de consejos. Gracias por muchos desayunos y almuerzos en *Costa Mesa*, para compartir tu sabiduría conmigo. Eres un evangelista de verdad y un excelente ejemplo para el ministerio y para mi vida. ¡No hay palabras!

Gracias a mis queridos suegros, Ricardo y Juanita de Larson, por criar a mi ayuda idónea. Desde su forma de ser, carácter y amor por personas que necesitan de Dios, no dejo de estar sorprendido de la calidad de personas que son. Soy sumamente privilegiado de tenerlos como mi familia.

Jason Frenn

Índice

Prólogo

–"¿Quiere usted experimentar una nu
va vida?" La pregunta salió de la oscurida
en medio de una reunión de invierno e
las montañas de San Bernardino, en el s
de California. El joven que oyó la voz
solo tenía quince años de edad. Un amigo lo ha-
bía invitado a una reunión eclesiástica, a pesar de que la iglesia en
sí no era parte de su vida normal. De hecho, nunca había sido alen-
tado para ir a la iglesia, y mucho menos la asistencia había formado parte de su vida familiar.

Además del miedo que el joven experimentaba al introducirse
en un ambiente extraño, las luces en el edificio de pronto se apaga-
ron. Un corte de corriente que afectó un amplio sector del pueblo
fue el responsable. La electricidad volvió, pero fue en medio de esta confusión que escuchó la pregunta: "¿Quieres experimentar una
nueva vida?"

La humanidad nunca ha estado más necesitada de una nueva vida que en este tiempo. Mi esposa y yo estábamos volando desde el
aeropuerto John Wayne, en el Condado de Orange, en California,
hacia Santa Cruz, Bolivia. Después de obtener nuestros pases de
abordaje, fuimos ordenados a ir hacia una fila que llevaba al "Punto de Control de Seguridad". El aeropuerto John Wayne no es un
aeropuerto internacional grande, pero ya había muchos cientos de
personas que esperaban en fila. Nos tomó más de una hora movernos lentamente para llegar, finalmente, al punto de control donde
nuestro equipaje de mano y nosotros mismos fuimos revisados mi-
nuciosamente.

He viajado por todos los medios conocidos, sobre todo por aire, durante más de sesenta años, y nunca había experimentado una
inspección tan increíblemente completa. ¿Qué pasa? ¿Qué pasa

con nuestras libertades? ¿Dónde está el vivir pacífico que conocíamos hace tan solo unos años? ¿Y dónde nos lleva todo esto?

Además de la confusión general que se ha vuelto parte de nuestra vida, algo peor ocurre. Es la confusión que descansa dentro del corazón y la mente del individuo. Las personas hoy, como nunca antes, están sujetas a tales presiones que los ataques de nervios no solo son una ocurrencia común, sino que, tristemente, muchos sienten que la única solución a las terribles luchas en sus vidas, es el suicidio.

¿Cómo podemos salir de esta arena movediza que nos hace hundirnos más y más en una desesperación interminable?

Un sobrino mío y su esposa nos visitaron hace unos días. No los habíamos visto durante varios años. Tenían con ellos una niña de escasos cuatro años de edad, una pequeña con preciosos ojos, pelo rubio y una sonrisa que derretiría el corazón de cualquier adulto. Apenas entraron por la puerta de nuestra casa, la niñita vino donde yo estaba de pie y simplemente se aferró a una de mis piernas. Yo no sabía su historia y no podía dejar de preguntarme por qué ella se quedaba tan pegada a mí.

La niña no era de ellos. Solo la habían tenido por unos meses. Aunque apenas tenía cuatro añitos, había estado en cuatro casas adoptivas antes de ser enviada al hogar de mi sobrino y su esposa, sus cuidadores en este tiempo. Yo pregunté acerca de su trasfondo. Su madre biológica la tuvo fuera del matrimonio, se entregó al alcohol y a otras drogas, y su estilo de vida libertino era más importante para ella que el cuidar de esta preciosa nena. La pequeña había sido abandonada varias veces y, después de vivir en varias casas adoptivas, "Servicios Sociales" llamó a mi sobrino y a su esposa. Ahora esta niñita tiene, por lo menos, un futuro prometedor.

El hombre joven que oyó el llamado: –"¿Quieres experimentar una nueva vida?" era Jason Frenn, el autor del libro que usted tiene en sus manos. Su trasfondo y las experiencias vividas a tan temprana edad –muchas de las cuales fueron, no solo hirientes sino también totalmente destructivas– le dieron una poderosa visión de los problemas que plagan la sociedad de hoy. Como siente una fuerte necesidad de dar a conocer las verdades que ha encontrado, le lanza a usted la pregunta que a los quince años de edad escuchó: —"¿Quiere experimentar una nueva vida?"

Lea estas páginas con profunda reflexión; encontrará que también hay un futuro prometedor que puede ser suyo.

Dr. Pablo Finkenbinder
(el "hermano Pablo")

¡Para mí todo es demasiado maravilloso!

Una vez tuve un profesor de Ciencias Sociales que solía decir:
–"Para mí todo es demasiado maravilloso".

Esa era la frase que decía cuando se encontraba en una disputa verbal, sin una respuesta a una pregunta compleja. Cuando buscamos respuestas en un mundo complejo, podríamos decir también "para mí todo es demasiado maravilloso".

El mundo en el que vivimos es complicado y muchos luchan por tratar de entenderlo. Las guerras comienzan al estrellarse los aviones en los edificios. El odio impregna el planeta como un virus que busca devorar todo en su camino. Miles se quitan la vida cada año en busca de alivio a su gigantesco dolor emocional. Cuando vemos las noticias, encontramos una tragedia tras otra dentro de una sociedad que anhela encontrar significado y respuesta. En las principales áreas metropolitanas del orbe, las bandas de delincuentes crecen a un paso astronómico. La tasa de crímenes violentos sube día a día. El promedio de divorcios sobrepasa el 50% en muchos países y la violencia doméstica sigue aumentando. Familias en los Estados Unidos continúan desintegrándose a pesar de las buenas intenciones de los movimientos conservadores, que buscan encontrar cambios a través de la legislación y de la acción política. Los niños se ven inmersos en drogas, sexo y violencia a más temprana edad con cada generación. Los padres encuentran difícil hablar con sus hijos, y estos encuentran difícil ser entendidos y aceptado por sus padres.

La mayoría de ellos estaría de acuerdo en que es mejor ver sus programas favoritos de televisión sin sus padres cerca. Los baches generacionales que antes ocurrían cada treinta o cuarenta años, ahora ocurren cada tres o cuatro.

¿Para usted todo es "demasiado maravilloso"? ¿Lo abruman los problemas de la vida? ¿Busca respuestas a su complicado existir? ¿Alguna vez sintió deseos de decir:

–"¡Detengan la tierra, deseo bajarme!"?

¿Es el lugar que pisa arena movediza? ¿Tiene dificultad en encontrar algo firme de lo cual asirse? ¿Sus decisiones son gobernadas por la ansiedad y sus planes por el temor? ¿Está atrapado en el mismo círculo vicioso y en los patrones que lo han tenido atascado por años? ¿Se pregunta a menudo si esto terminará algún día? ¿Hay cuestiones en su vida que todavía no ha podido resolver?

Dése una buena mirada en el espejo. Pregúntese si realmente vive o simplemente sobrevive. ¿Vive la vida que siempre ha deseado vivir? ¿Se siente libre o atado? ¿Disfruta de la vida o es dominado por ella? ¿Determina su destino o lo determinan otros? ¿Está en control o su vida es manipulada por las circunstancias, por otros o por patrones personales destructivos? Solo una persona puede responder estas preguntas: usted.

No está solo

Estas preguntas pueden ser difíciles de responder, pero usted no está solo. Si el auto examinarse provocado por estas preguntas lo ha dejado con un sentido abrumador de que no tiene todo bajo control, no se preocupe. Hay otros seis mil millones de personas en el planeta que están "en el mismo barco". La pregunta más crucial todavía permanece: "¿Qué va a hacer al respecto?" ¿Considerará que debe cambiar o continuará en el mismo impotente estado de víctima? Si desea cambiar, tengo buenas noticias: Dios concede el poder para cambiar a aquellos que se lo piden. Dios desea que viva y no que solo sobreviva. Desea que viva una vida de libertad, no de opresión; una vida de fuerza y valentía, no de temor y ansiedad; una vida de gozo y satisfacción, no de depresión ni de descontento.

Este libro enfoca primero, y principalmente el cambio personal. Trata del poder redentor de Dios que nos ayuda a romper las cadenas de patrones destructivos transmitidos de generación a generación. Los mismos hábitos ruinosos que vemos en nuestros padres y abuelos encuentran camino dentro de nuestro ser y se establecen en nuestra vida diaria.

Como el cáncer, se extienden de una generación a otra, mantienen a sus víctimas en ciclos viciosos de desamparo. Muchas veces, podemos estar cegados no solo a su presencia, sino también al enorme poder.

Así, aunque juramos que nunca vamos a ser como nuestros padres, con el tiempo descubrimos esas mismas tendencias fraguadas en nuestras vidas.

Por ejemplo, los sociólogos le dirán que el 60% de las personas que nacen en "hogares alcohólicos" tienen la tendencia de convertirse ellos mismos en alcohólicos. El 60% de los nacidos en hogares donde se utilizan drogas encuentran, más tarde en la vida, el mismo vicio como un estilo de vida. El 60% de los nacidos dentro de hogares con desórdenes alimenticios, luchan con su alimentación. Lo mismo podríamos decir del divorcio, del abuso físico, del rechazo y de la depresión.

Dichos problemas no solo los experimenta el mundo fuera de la iglesia sino tambien la iglesia misma. Por esto, este libro está escrito para toda lla humanidad. No obstante, estas páginas no están escritas para ser una sesión de cúlpa paternal. La mayoría de los padres desea lo mejor para sus hijos, hacen lo mejor con lo que tienen y son regalos maravillosos de parte de Dios. Lo que sucede, simplemente, es que ellos forman parte de una larga historia donde la disfunción se ha establecido en toda la cultura – como ha ocurrido con cada generación anterior–. Por ello, no deben ser acusados ni reprendidos.

Los padres deben ser honrados por todo lo bueno que nos han entregado, pero tambien ellos deben eliminar los patrones destructivos y hacer uso de patrones saludables.

Cuando se hace esto, Dios producirá generaciones que puedan amar y apreciar su pasado, en lugar de estar amargados y resentidos. La clave está en edificar sobre la buena naturaleza de nuestros padres que creen que Dios puede romper el "efecto dominó" que ha lisiado las pasadas generaciones. En el caso donde pocos patrones destructivos o ninguno estén presentes, Él puede ayudar a prevenir que la locura comience en nosotros –quienes nos convertiríamos en la primera generación-.

Vengo de una familia donde la adicción al alcohol fue un problema durante varias generaciones. La depresión era un problema. La amargura y el dolor eran problemas. La confusión, el enojo y la soledad también. Todas estas tendencias estaban destinadas a repetirse en mi vida y en la vida de mis hijas. Pero eso no fue lo que ocurrió. ¿Qué pasó? Dios me ayudó a través del proceso de ser hecho libre. Él rompió las cadenas de atadura y los patrones de comportamiento autodestructivo.

Como resultado, soy una persona sana. Mi matrimonio y familia son sanos. Con mi esposa Cindee tengo tres maravillosas niñas, todas sirven al Señor en el ministerio con nosotros. Mi relación con mi padre y mi madre nunca ha estado mejor. Mis suegros y yo tenemos una gran relación. Pero, ¿cómo llegué del punto "A" al "B"?

La respuesta se encuentra en las páginas de este libro. Usted también puede experimentar el amor de Dios y el *poder para cambiar* vidas que liberta a los cautivos. Si su mundo es demasiado abrumador, si se siente atrapado en los patrones de la destrucción, si "todo es demasiado maravilloso" para usted, hay una esperanza que necesito anunciarle. Hay esperanza en Jesús. Hay esperanza para todos. Sin importar el trasfondo o las circunstancias, hay esperanza para un gran cambio y para una renovación. La elección es suya.

Tiene un compañero

La razón de este libro es retarlo a cambiar. Tome las riendas de su propia vida. Deje de culpar a otros o de buscar excusas. Tome la responsabilidad de sus propias acciones, estilo de vida, reacciones y hábitos. Para que esto suceda, es imperativo que forme una alianza con Dios. Usted y Dios son los dos ingredientes más importantes a fin de alcanzar el *poder para cambiar* su vida. Dios tiene el poder soberano para transformarlo dinámicamente. Al mismo tiempo, Él le ha otorgado la libertad de escoger entre cambiar o no. Si ejerce la libertad de escoger la ayuda de Dios, Él lo transformará y lo guiará a través del proceso.

Es como establecer una sociedad: usted toma responsabilidad sobre su vida y otorga el señorío de ella a Dios. Juntos, usted y Dios son socios en el cumplimiento de la tarea. A medida que tome la responsabilidad por su propia vida y se la ofrezca a Dios, Él será fiel en reconstruirla. Como resultado final, vivirá su vida en abundancia, y no simplemente sobrevivirá.

Esta sociedad entre usted y Dios es absolutamente esencial para lograr el cambio. Piense en esto en términos de un equipo de fútbol. Dios es el entrenador y usted es el capitán del equipo. El es responsable de brindarle dirección, guía, discernimiento y fuerza. Usted es responsable por su posición.

No trate de jugar de Dios, Él no trata de jugar por usted. Debido a que es un Dios soberano, Él escoge las jugadas. Es por eso que es el entrenador. Usted puede rechazar lo que Él le sugiere, porque como jugador tiene libre voluntad. Sin embargo, Él no puede implementar la jugada para ganar el partido si usted rehúsa cooperar, y al final el equipo pierde el partido. Si acepta su guía, discernimiento y transformación, la victoria es suya. La clave aquí es formar una alianza con Dios y estar en total obediencia a su palabra. Si hace esto, garantiza la victoria. En el mundo real Dios es responsable por todo lo sobrenatural, y Él no quiere que el hombre juegue a ser Dios. Todo lo que Él quiere es que cada persona tome la responsabilidad de su propia vida.

Voy a presentarle cinco pasos para que experimente victoria sobre los patrones destructivos traspasados de generación a generación.

El primer paso es un cambio radical en la percepción, que se dé cuenta de que el cambio no es solamente necesario, sino también posible. La mayoría de nosotros reconocemos que el cambio es importante, pero encontramos difícil creer que sea posible. Ahí es donde se produce el conflicto.

El segundo paso es trabajar con Dios para que Él maneje su vida al cambiar los hábitos y patrones de comportamiento destructivos que han sido transmitidos por generaciones pasadas. Esto se hace a medida que el Señor lo auxilia para darse cuenta de la raíz de la situación. Conforme le pida al Señor ayuda, guía y asistencia diariamente, empezará a notar que las luchas que antes encontraba insoportables, se van haciendo cada vez más manejables.

El tercer paso es implementar nuevos hábitos en su vida para que así no caiga en los viejos patrones de destrucción.

El cuarto paso es perdonar y ser perdonado. Estos son factores vitales a la hora de desligarse de todo resentimiento y amargura hacia otros, y a la vez recibir libertad de un pasado doloroso.

Finalmente, el quinto paso es establecer una cadena de amigos de confianza, para que la rendición de cuentas pueda reforzar el trabajo que Dios ha hecho en su vida.

Conforme emprenda el camino del cambio, Dios le ayudará a sobrepasar situaciones que parecían insuperables. Los problemas que afronte se resquebrajarán a la luz de quién es Dios y de su poder para ayudarlo. La decisión, sin embargo, de hacer algo con respecto a su vida, es enteramente suya.

Estoy seguro de que usted quiere cosas buenas y maravillosas para su familia, su matrimonio y sus hijos. La mayoría de nosotros queremos siempre lo mejor. Ese deseo es uno que Dios aprueba. Si ese es su deseo, no se detenga a la mitad del libro. Léalo y guárdelo como referencia. Encontrará que conforme aplique los principios divinos, su vida tomará toda una nueva dimensión de salud espiritual y psicológica. El resultado final será una vida sana e íntegra como jamás ha soñado; una vida de paz y propósito. Ese es mi deseo. Esa es mi oración. Oro para que Jesús lo liberte de los ciclos de patrones destructivos que fueron pasados de generación a generación y de la lucha en la que se encuentra hoy.

Conforme nos embarquemos en este viaje juntos, estas son las palabras de Jesús para usted: *"El Espíritu del Señor está sobre mí, por cuanto me ha ungido para anunciar buenas nuevas a los pobres. Me ha enviado a proclamar libertad a los cautivos y dar vista a los ciegos, a poner en libertad a los oprimidos, a pregonar el año del favor del Señor"* (Lucas 4:18-19).

Capítulo 1

DETÉNGASE
y pida
DIRECCIÓN

A la mayoría de las personas no le resulta fácil parar y preguntar por una dirección. Prefieren creer que lo tienen todo bajo control. Cuando van por un camino tal vez piensan: "¿Por qué pedir ayuda? Si tan solo sigo conduciendo, de seguro llegaré en cualquier momento. Solo manejaré un poco más rápido y eso debería solucionar el problema".

De hecho, el pedir ayuda a alguien implica que no sabe cómo llegar a su destino. Esto puede hacerlo sentir avergonzado o inadecuado. Después de todo, no quiere que la gente piense que no puede lograrlo por sí mismo. No quiere que piensen que está perdido.

Intentemos mirarlo desde otro ángulo. Pedir ayuda no es una señal de debilidad. Es una señal de salud. Reconocer el hecho de que podemos estar perdidos y acudir a alguien por ayuda es el primer paso hacia un destino seguro. El ganar un mejor entendimiento es saludable. El hecho de que usted lea este libro es una señal saludable. Si toma en cuenta los huecos y las curvas peligrosas que afrontamos, el pedir direcciones puede salvar su carrera, su matrimonio, su familia... y hasta su vida.

Imagine que una noche un avión despega desde Los Ángeles hacia Nueva York. Varios minutos después, el piloto descubre que el sistema de navegación de la nave falla y no funciona la instrumentación del vuelo. Ya que siente vergüenza de pedir ayuda, decide volar el avión sin ninguna asistencia. Pide a los otros pilotos que salgan de la cabina y cierra la puerta con llave. Después de todo, ha volado esa ruta anteriormente.

Entonces hace lo inimaginable... rehúsa avisarle a la torre de control acerca del problema. No tiene idea a qué altura o a qué velocidad vuela. Tiene una muy vaga idea de la dirección en la que va. Sin embargo, cree que puede volar en la oscuridad a más de ocho mil metros de altura, y aún así, aterrizar a salvo en medio de la lluvia que azota el otro extremo del país.

¿Le suena ridículo? Estoy seguro de que jamás le gustaría estar en un vuelo así. ¿A quién le gustaría? Empero, esa es la manera en que millones de personas guían su vida diariamente. Igual que el piloto, tienen temor de pedir ayuda. Algunos no se han percatado que han perdido el rumbo. No tienen idea de qué sucede en sus vidas. Su sistema de navegación se ha desactivado. No saben dónde están o cómo les va, apenas sobreviven.

En resumen, la vida "los vive" a ellos. Sin tener una mejor idea de quiénes son, no es de extrañar que los problemas de la vida los atrapen.

El estar sintonizado con su sistema de navegación es imperativo. Dicho sencillamente, es estar a tono con usted mismo. Esto lo guía a través de las turbulencias de la vida. Tal vez no sea capaz de controlar el clima, pero sabrá exactamente hacia dónde vuela y cómo llegar a su destino. A medida que afronta pruebas y dificultades incluso en sus relaciones, su sistema de navegación le ayuda a establecer el patrón de vuelo de su vida.

Tal vez las personas con las que trabaja son hostiles y rudas. Puede ser que viva con las muletas de la pobreza o en un hogar altamente disfuncional. Puede ser que sobreviva una relación destructiva. Tal vez sus hijos son rebeldes o su matrimonio es un desastre. Puede ser que no tenga educación. Su relación con sus padres puede estar resquebrajada. Tal vez fue abusado o lucha con una crisis de identidad. Podría sufrir una terrible adicción debilitadora. Su autoestima puede estar baja o podría vivir en depresión.

La situación aquí no es cómo estas situaciones lo afectan, sino más bien cómo las maneja. Si no es capaz de lidiar con ellas, usted no vive, sino solo sobrevive. Todas estas fuerzas externas son manejables si toma control sobre la manera en que reacciona a ellas. Puede ser que no logre controlar las circunstancias que lo rodean en un momento determinado. Puede decidir, no obstante, cómo va a reaccionar frente a ellas.

¿Recuerda al piloto? Pudo haber escogido comunicarse por radio y así pedir ayuda. Pudo dejar a su tripulación dentro de la cabina. Sin embargo, por su temor a la humillación escogió reaccionar de una manera negativa. Al hacer esto, no solo puso su propia vida en riesgo, sino también a todos los pasajeros abordo.

Usted tiene el poder de escoger cómo reaccionar, ya sea como una víctima o como un vencedor. La decisión es suya. Si escoge no cambiar, las personas y las circunstancias van a continuar moldeándolo a un destino de lucha y miseria. Cuando no determina su destino, otras personas y circunstancias lo harán por usted.

Hace un tiempo vi un reportaje acerca de una niña que tenía temor de dejar su casa, que estaba situada en el centro sur de Los Ángeles. Había sido encerrada por su madre y no se le había permitido salir por un largo periodo. La casa estaba infestada de ratas y debía ser clausurada. Según el reportero, la niña tenía temor de salir de la casa porque escasamente se le había permitido salir. Los sonidos fuertes y la luz brillante de afuera la asustaban y, por lo tanto, reforzaban su paranoia. Ocasionalmente se asomaba a través de una pequeña ventana para mirar con cautela qué ocurría afuera, en la calle o enfrente de su casa.

Un vecino la vio varias veces y anónimamente lo reportó a las autoridades. La familia había sido investigada varios años antes, pero las autoridades nunca consideraron las circunstancias de vida como perjudiciales para la niña o para su familia.

Esta vez, sin embargo, la trabajadora social se llevó a la niña y la colocó bajo el cuidado de "Servicios Sociales". El temor es el paralizador número uno que mantiene a las personas encerradas donde están. Por causa del temor, las personas no pueden mejorar, recuperarse ni sanar.

Percepciones: Usted solo puede ver lo que está dispuesto a ver

Vivimos en una vida llena de dificultades, retos y oportunidades. Yo he aprendido –a través de mis viajes, conferencias y estudios– que la mayoría de los problemas no están afuera. Están adentro. El problema no nos enlaza; las pruebas o dificultades no nos mantienen rehenes. No somos atados de afuera, somos atados por dentro. ¿Cómo? Nuestra visión emocional se nubla con patrones de pensamientos destructivos que nos mantienen en los mismos ciclos por años. Interpretamos los problemas como una fuerza externa más allá de nuestro control. Cuando en realidad, la forma en cómo abordamos el problema, es el verdadero problema.

Eso no significa que los problemas o las dificultades externas no nos hagan retroceder. Toda persona pasa por tiempos difíciles. No obstante, una verdad final todavía permanece: sus reacciones a los problemas están altamente determinados por su sistema de navegación.

¿Cuál es su sistema de navegación? Sencillamente es su percepción. Ella lo guía, lo dirige. Sus percepciones componen el factor principal que gobierna la manera en que usted reacciona a los problemas. Note que la percepción no debe ser confundida con la perspectiva.

Hay una distinción importante entre perspectiva y percepción. Perspectiva es un punto desde el cual observamos algo, figurado o literal. Es el ángulo desde el cual vemos una casa, un edificio, el cielo, objetos físicos, personas, problemas, situaciones, etc. Más internamente, la percepción es cómo nuestra mente interpreta la información que entra en ella, desde cualquier perspectiva.

La percepción abraza todo lo que los sentidos reciben y ayuda a la mente a dar una interpretación a esa información. Imagine que tiene el mejor asiento en el estadio donde está a punto de jugarse el partido final de la Copa Mundial de Fútbol, tiene una grandiosa perspectiva del juego. Está situado en la fila número veinte; por lo tanto, tiene un buen panorama con relación al campo de juego. Está sentado a la sombra, así que el sol no lo molesta. Su asiento está perfectamente centrado en medio de los dos arcos. Entonces, a medida que comienza el juego, se coloca un par de anteojos opacos –como los que utilizan los soldadores con autógena– que le impide ver cosa alguna. Lo único que puede hacer es escuchar el rugir de la multitud a medida que un equipo se aproxima al área rival. Obviamente, no puede disfrutar el partido. No puede ver cosa alguna.

¿Cuál será su percepción del partido? Oscura, confusa y a veces... ¡ruidosa! A pesar de que estuvo en una posición maravillosa y que potencialmente podía observar el partido desde una perspectiva privilegiada, su percepción del juego fue gravemente dañada.

De la misma forma, nuestra perspectiva de la vida y nuestras relaciones personales son grandemente afectadas por nuestras percepciones. Muchos de nosotros poseemos educación. Algunos tal vez sean adinerados. Otros crecieron en hogares maravillosos. Esas cosas nos posicionaron para que tuviéramos vidas maravillosas, pero a menos que nuestras percepciones sean claras, la manera en que interpretemos la vida va a estar distorsionada. Por esa razón hay quienes son acaudalados, educados e inteligentes, pero encuentran difícil el detener la "locura" en sus vidas.

¿Cuántas veces hemos escuchado las noticias solo para oír que otra pudiente estrella de cine fue arrestada por posesión de drogas?

¿Cuántas veces hemos visto que un comediante o una estrella de *rock* tiene una sobredosis de narcóticos? Los lentes que ellos usan –que les han sido transmitidos por otros o por pasadas generaciones– afectaron grandemente la forma en que ven la vida. A pesar de que supuestamente "lo tenían todo", sus percepciones los guiaron hacia la destrucción.

Por otro lado, vemos muchas personas que llegan de las peores condiciones socioeconómicas, pero vencen probabilidades impensables para convertirse en individuos, padres y cónyuges altamente efectivos. La diferencia no estuvo en dónde ellos fueron colocados en la vida –su perspectiva– sino en cómo vieron e interpretaron la vida –su percepción–.

Muchos conocemos la historia de Moisés. En la tierra de Egipto fue dictado un decreto que ordenaba la muerte de todo varón judío que naciera. Cuando nació Moisés su madre lo escondió, y tres meses después lo colocó en una canasta y lo puso en las orillas del río Nilo, para así escapar de la ira del faraón. Fue encontrado milagrosamente por la hija del faraón, quien decidió adoptarlo. Pero debido a que era incapaz de alimentarlo de pecho, dispuso que una nodriza –sin saber que era la madre del niño– lo cuidara hasta que creciera. Moisés nació en un hogar pobre, pero pasó sus años de adolescencia en el palacio. La Biblia dice que, años después, vio cómo un egipcio castigaba a un israelita, entonces se enfureció y mató al egipcio. Por temor a perder su vida, huyó al desierto.

Una vez más se encontró viviendo en la pobreza. No conocía a persona alguna, así que comenzó su vida de nuevo. Durante el exilio de Moisés, Ramsés tomó el poder como faraón. El faraón ocupaba la posición más poderosa en el planeta.

Moisés, por otro lado, estaba en otro momento de su vida. Estoy seguro de que estaba deprimido, solo y necesitaba desesperadamente tener su sistema de navegación reparado. Poco sabía Moisés que estaba a punto de tener un cambio completo en sus percepciones. Un día en una montaña, tuvo un encuentro con Dios, que se le apareció desde una zarza ardiente. El Señor le dijo que había escuchado el lloro de su pueblo, Israel: *"Ciertamente he visto la opresión que sufre mi pueblo en Egipto. Los he escuchado quejarse de sus capataces, y conozco bien sus penurias. Así que yo he descendido para librarlos del poder de los egipcios y sacarlos de ese país, para llevarlos a una tierra buena y espaciosa, tierra donde abundan la leche y la miel"* (Éxodo 3:7-8). El Señor le dijo: *"Voy a enviarte"* (v. 10).

Pero Moisés le dijo a Dios: *"¿Y quién soy yo para presentarme ante el faraón y sacar de Egipto a los israelitas?"* (v. 11). Dios le respondió: *"Yo estaré contigo"* (v. 12). Y le enfatizó una vez más que Moisés era el escogido de Dios para guiar a la nación de Israel afuera de las garras de la esclavitud. Moisés sugirió que él no era un hombre de habla elocuente e indicó que los israelitas no iban a seguirlo. Estoy seguro que Moisés pensó: "Si apenas me puedo guiar a mí mismo...". No obstante, Dios le dijo lo que debía decirles: "El Señor y Dios de sus antepasados, el Dios de Abraham, de Isaac y de Jacob, me ha *enviado a ustedes"* (v. 15). Él es el todopoderoso. Para siempre el mundo va a recordarlo como el gran *YO SOY* (v. 14). Él es el creador del universo. Así que le reitera: "Yo te envío, Moisés. No temas porque yo estoy contigo". No era necesario un ejército. La presencia de Dios era lo único esencial.

Moisés finalmente entendió. Se dio cuenta de que Dios es más grande que nuestras circunstancias. Tuvo un encuentro profundo que produjo una transformación radical en su percepción.

Moisés regresó a Egipto y guió a su nación fuera de las manos de opresión de los egipcios. Lo hizo con la venganza de diez plagas incomparables que dejaron su marca en los libros de historia. Venció a Ramsés a medida que Dios demostró omnipotencia. De los dos personajes, Moisés fue indiscutiblemente una de las personas de más influencia en la historia del mundo. Pocas personas han tenido el impacto que Moisés produjo. Él nació en la pobreza y esta lo visitó en más de una ocasión. La perspectiva con la que nació fue de pobreza y esclavitud. Sin embargo, con Dios, venció probabilidades insuperables.

Faraón, por otro lado, solo es mencionado dentro de las páginas de la historia egipcia y dentro del contexto de su propia dinastía. Nació en el palacio. Vivió acaudalado. Gozaba de todo. Tenía gloria y hasta un estatus "divino". Su posición y perspectiva eran grandiosas. No obstante, en comparación con Moisés, casi no tuvo un impacto en el mundo. Al final Dios venció a Ramsés y este quedó en la historia como el faraón que permitió que los israelitas se fugaran.

¿Cuál es la diferencia entre Moisés y Ramsés? Moisés tuvo un encuentro con el Dios vivo en la zarza ardiente. El encuentro fue tan impresionante, que literalmente transformó a Moisés de pies a cabeza. Dios tomó un hombre nacido en la pobreza, un hombre que ganó mucho y perdió todo, y lo transformó en uno de los más grandes líderes que el mundo ha visto. Moisés no solo se dio cuenta de que tenía que cambiar, también reconoció que el cambio era posible. Fue flexible y obediente. Estos son los dos ingredientes más importantes para alcanzar el *poder para cambiar*.

Si deseamos vivir una vida y no simplemente sobrevivirla, necesitamos pedirle a Dios que nos ayude a cambiar nuestras percepciones. Necesitamos quitarnos el par de anteojos opacos de nuestros ojos a fin de apreciar una mejor percepción. Esto nos ayuda a cambiar la manera en que vemos y reaccionamos al mundo que nos rodea. Los problemas son enfrentados de una manera distinta cuando los vemos claramente desde una percepción divina.

A fin de que veamos un problema de una forma distinta, necesitamos ser diferentes. Una vez que somos diferentes y nuestras percepciones cambian, podemos experimentar cada grandiosa promesa que Dios tiene para nosotros, incluso el rompimiento de las cadenas de pecados generacionales y de patrones destructivos. Por esta razón es absolutamente esencial el ver las cosas desde una percepción divina.

⌣

Mirar a las personas como realmente son

Tener una percepción divina ayuda en la manera en que usted ve a su familia, a su cónyuge, a sus hijos, a sus amigos, a su trabajo y a Dios. Digo esto porque las percepciones también determinan cómo usted interactúa en sus relaciones personales.

Su hijo puede tener un potencial muy grande, pero si usted nunca lo busca, tal vez nunca lo vea. Y nuestro fracaso en ver dicho potencial puede iniciar patrones destructivos en la manera de pensar del pequeño. Los niños notan las sutilezas. Pueden percibir el significado de nuestro silencio o nuestros comentarios internos con respecto a ellos. No debemos pensar por un momento que nuestros seres amados no pueden discernir cómo los percibimos a ellos. Tal vez su percepción le diga que su hijo es hiperactivo. Tal vez tenga déficit de atención. Él o ella puede ser un niño problemático que no puede llevarse bien con otros niños. Sin embargo, puede tener una enorme cantidad de energía que espera ser descubierta. Puede ser que sea un "retoño tardío". Puede llegar a ser el próximo Leonardo da Vinci. Muchos niños, quienes han sido categorizados y puestos a un lado como causas perdidas, llegan a convertirse en personas que revolucionan el mundo una vez que su potencial fue descubierto.

El primer paso es quitar los anteojos opacos de nuestros ojos para que podamos ver las cosas desde la perspectiva de Dios.

En la analogía de Jesús, antes de remover la paja del ojo del hermano hay que remover la viga del propio. Se sugiere que no tenemos una percepción verdadera para ayudar a otros hasta que podamos ver claramente al remover aquello que bloquea nuestra visión. Jesús dijo en Lucas 6:42: *"¿Cómo puedes decirle a tu hermano: 'Hermano, déjame sacarte la astilla del ojo', cuando tú mismo no te das cuenta de la viga en el tuyo? ¡Hipócrita! Saca primero la viga de tu propio ojo, y entonces verás con claridad para sacar la astilla del ojo de tu hermano".*

La Biblia dice en 2 Corintios 4:4 que el dios de este siglo –Satanás– *"ha cegado el entendimiento de los incrédulos, para que no vean la luz del glorioso evangelio de Cristo, el cual es la imagen de Dios".* La labor de Satanás es reprogramar y torcer nuestra percepción. Él nos enceguece y nos pinta una imagen sin esperanza para que eventualmente perdamos nuestra perspectiva.

El trabajo de Dios comienza con la corrección de nuestra percepción. Cuando Dios comienza a trabajar con un individuo, casi siempre comienza con su percepción. Tome este hecho bíblico como ejemplo. De todas las sanidades que Jesús hizo, sanó de la ceguera más que cualquier otro tipo de enfermedades registradas en el Nuevo Testamento. De todos aquellos que Dios usó en la Biblia, Jesús es el único que sanó a los ciegos. Esto no solo tiene implicaciones físicas, sino espirituales y psicológicas también.

Dios es un experto en darle vista a los ciegos en cada aspecto de la vida. ¿Qué es lo que este hecho sugiere? Dios puede ayudarlo a cambiar su forma de ver el mundo, su percepción y, en última instancia, la forma en que usted reacciona al mundo que lo rodea.

Cuando tenemos un cambio radical en nuestra percepción, las escamas se caen y podemos ver nuestra vida como verdaderamente es. Podemos ver el plan de Dios y sus bendiciones para nosotros a medida que lo buscamos a Él. Podemos usar el gran potencial que ha permanecido adormecido por años. Una vez que nuestra visión es clara, podemos movernos hacia la recuperación y vivir la vida como Dios quiso que la viviéramos.

Tal vez se pregunte: "¿Qué cosas son las que bloquean nuestra visión y afectan nuestra percepción?" Son patrones de pensamiento y de comportamiento inscritos en nuestra mente, alma y espíritu. Es la forma como pensamos. Y la manera como pensamos determina fuertemente quiénes y qué somos.

Nunca olvidaré la primera vez que fui invitado a la iglesia por mis vecinos. Tenía quince años de edad, estaba en segundo año de colegio. Era una noche con mucha nieve. La temperatura era de aproximadamente cuatro grados bajo cero. Yo raramente visitaba la iglesia. De tiempo en tiempo iba a la tradicional celebración de la Pascua. La mayoría de las veces pasaba los domingos haciendo cualquier cosa que se cruzara en mi camino. Mi familia no era religiosa en ningún sentido de la palabra. Así que admito que me sentí un poco incómodo al caminar dentro de esa vieja iglesia de la Alianza Cristiana y Misionera.

Seguí a mis amigos hacia la segunda fila. "¡La segunda fila! ¡Hombre muerto!", pensé. "¿No podríamos sentarnos un poquito más atrás? Todos aquí saben que soy una visita. Van a fijar su mirada en mí toda la noche."

Varios minutos después de la canción de inicio, una falla eléctrica afectó toda la cuadra. Estaba un poco nervioso. Pensé que era un adolescente tan depravado que obviamente hice explotar el transformador con mis malas obras. Así que ahí estábamos, sentados en la segunda fila, todos mirándome fijamente y ahora yo dañando la corriente eléctrica. Para hacer las cosas peores, mi vecino se inclinó hacia mí y me dijo:

–"¿Sabes que esto nunca había sucedido hasta que tú entraste en el edificio?"

Sabía que estaba bromeando, pero mi autoestima estaba tan baja como el mismo piso. Me sentí avergonzado. Mi percepción estaba nublada con dudas de mí mismo, y con humillación. ¿Causó alguien esto? ¡Por supuesto que no! Esas eran mis percepciones. Yo las llevé conmigo a ese edificio. No importa lo que cualquier persona hubiera dicho, mi percepción estaba nublada con un casco de soldador extra fuerte. Pensé: "Bueno, esta reunión está arruinada".

Entonces algo interesante sucedió. El pastor señaló para que alguien trajera las velas de la bodega. Dijo: "Este no es el primer apagón que hemos visto en Big Bear, y de seguro no será el último". A través del santuario los ujieres colocaron como veinte velas. Eso proveyó suficiente luz para que los ciento cincuenta de nosotros pudiéramos seguir los pasajes de la Biblia que leían. A pesar de que comenzó como un servicio turbulento, el pastor nos guió a través de un mensaje tranquilo y lleno de significado. Habló acerca de un Dios que ama y que no condena. Presentó a un Cristo que murió por las iniquidades y los pecados del mundo. Un Dios que tenía el poder para transformar cualquier individuo y darle vida eterna. Habló acerca de un Dios que le da significado a la vida. Entonces preguntó retóricamente: –"¿No quiere experimentar una nueva vida?"

Estas palabras, que las escuchaba por primera vez, produjeron un cambio radical en la manera en que yo pensaba. Fue como si se encendiera la luz en mi cabeza. Vi las cosas a través de lentes distintos. El anteojo opaco me fue quitado, podía ver las cosas desde la perspectiva de Dios. Es la diferencia entre nadar en una piscina sin una mascarilla y hacerlo colocándose una. Todo se ve más claro. "¡Espera un segundo! –pensé–. Dios tiene el poder para cambiar a cualquier persona. Y cualquier persona puedo ser yo. Dios tiene el poder para ayudarnos a cambiar nuestras percepciones, incluso las mías. Dios nos da la vida eterna. Él me dio la vida eterna".

Caminé fuera de esa iglesia como un adolescente cambiado. Dios comenzó una obra en mí que sigue hasta el día de hoy. Cambió mi percepción y, al hacerlo, cambió la manera en que yo pensaba. Al cambiar la manera en que yo pensaba, Él cambió quién soy.

Dios tiene la habilidad de encender la luz. Él puede ayudarlo a cambiar sus percepciones. Nuestro reto es dejar el anteojo opaco a un lado. Permita que Dios lo asista en cambiar la manera como piensa. No puede hacerlo solo. Recuerde, es una sociedad. Dios tiene el poder, pero usted tiene la libre voluntad. La elección es suya. No tiene ni idea del enorme potencial que Dios tiene guardado para cada uno. A medida que nuestras percepciones cambian, empezamos a asir las grandes posibilidades que Dios tiene para nuestra vida.

El primer paso en el *poder para cambiar* es reconocer que se tiene un problema. Algo anda mal. Tal vez no sepa exactamente qué es, pero algo no está bien. El admitir que existe un problema es esencial. Es por eso que entender su propia percepción es tan importante.

No se puede ayudar a alguien que no cree que tiene un problema. Igual que con el piloto, tratar de ayudar al que va rumbo a la autodestrucción es imposible, si esa persona no ve su necesidad de ayuda.

De la misma forma, usted no puede ayudarse a sí mismo si no admite primero que existe un problema. Quítese el anteojo opaco y mírese a sí mismo como es realmente. Sea sincero. Sea honesto. Solo tiene una vida. Ahora es el tiempo de hacerlo bien. Hágalo bien no solo por usted mismo, sino por sus hijos, por los hijos de sus hijos y por cada generación que seguirá.

El propósito de este libro es comunicarle este simple hecho: Jesús ha venido para libertar a los cautivos. Sus circunstancias no importan. Su pasado no hace la diferencia a la luz de quién es Dios.

Si está cautivo o cautiva y desea un cambio, coloque su confianza en el Salvador. Hay esperanza en Jesús. Puede preguntar: "¿Cómo?" Eso comienza con un encuentro. Muy parecido al encuentro que Moisés tuvo con Dios al lado de la zarza ardiente, venga como esté. Dios no requiere que cambie por sí mismo antes de venir a Él. El venir a Él y conocerlo es lo que cambiará su vida.

Comience con una conversación con Dios. Puede ser que diga algo así:

> "Señor, yo no estoy seguro(a) cómo he llegado hasta aquí ni se exactamente hacia dónde voy. Pero una cosa es segura: necesito tu ayuda para llegar a un destino final. Necesito que tú cambies mi corazón. Necesito que cambies mi mente. Necesito que cambies mi percepción. Ayúdame para que vea las cosas con tu percepción. Quiero una percepción divina. Reconozco que no puedo hacerlo solo(a). Necesito tu ayuda. Siento mucho todo el daño que he hecho a los que están a mi alrededor.
>
> Me comprometo a tener una relación contigo y me lanzo a la aventura de conocerte. Más importante aún, me comprometo a mí mismo a hacer cualquier cosa que tú me pidas, durante este proceso de cambio. Ayúdame a ser fuerte, obediente y abierto para que cambies mi vida. Hazte más real para mí con cada día que pasa. Oro por estas cosas en el nombre de Cristo Jesús. Amén".

Capítulo 2

CUANDO YO CREZCA,

voy a ser diferente

DE MIS PADRES

Lágrimas bajaron por sus mejillas mientras se sentaba en el armario oscuro y frío. Una vez más la soledad y la confusión abrazaron su corazón a medida que experimentaba el abuso de estar encerrada bajo llave en un armario por su hermano mayor y por su hermana. Por ratos escuchaba a sus hermanos que trabajaban quietamente en sus deberes. Ella continuaba llorando. Finalmente su hermana mayor le habló en tono fuerte a través de la puerta:

—"Te vamos a dejar salir, pero solo si dejas de llorar. ¡Si oímos tan solo un chillido de parte tuya, vas a quedarte ahí toda la noche!... ¡¿Entendiste?!"

Esto sucedía de vez en cuando en la niñez de Genoveva. Ella era la menor de doce hijos, y seis de ellos murieron de distintas enfermedades.

Su madre era incapaz de cuidarla por su vejez y, además, tenía sus propios problemas. Su papá falleció cuando tenía tres años, y la familia estaba destrozada por la falta de ejemplos paternales saludables. Genoveva experimentó muchos conflictos, discusiones y disputas durante los dieciséis años que vivió en su casa. Pero más cosas le ocurrían a Genoveva que tan solo el simple abuso y la ocasional "prisión" en el armario. Ella aprendió a protegerse a sí misma de aquellos que la herían, y formó una pared emocional para adormecer el dolor que experimentaba.

Muchas veces, se encontró diciéndose a sí misma: "¡Nunca voy a tratar así a mi esposo ni a mis hijos!" Se casó a temprana edad, pero su matrimonio terminó abruptamente en el divorcio.

Diez años pasaron hasta que se casó por segunda vez. Tuvo dos hijos en su primer matrimonio y dos más con su segundo esposo. Quiero enfatizar que era buena persona. Quería criar a su familia en forma distinta de la manera en que ella fue criada. Desdichadamente, no se resistía a caer en los patrones destructivos de generaciones pasadas. Su primer divorcio reveló las profundas heridas que tenía en su autoestima desde su niñez.

Esas laceraciones alimentaban su perpetuo diálogo interno acerca de sí misma. Los pensamientos que ella se hablaba eran todos negativos. Al final, su segundo matrimonio no sería nada distinto al primero.

Su esposo trabajaba en TRW, una compañía que instalaba sistemas de radar en la mayoría de los aeropuertos de los Estados Unidos en los años cincuenta. Él trabajaba más de sesenta horas por semana en la oficina de la empresa y muchas otras horas en su oficina en su garaje.

A medida que los dos primeros hijos de Genoveva eventualmente se mudaron, ella comenzó a experimentar una soledad y un aislamiento muy profundo. Esto hizo que se aferrara a su hija más pequeña. Solo cuando Roberta tenía trece años, ella y Genoveva comenzaron a tener una buena relación.

En 1960, la familia recibió una llamada devastadora. Isabel, la hermana mayor de Roberta, murió en un accidente de automovilístico.

Como cualquiera puede imaginarse, eso fue un duro golpe para toda la familia, y en pocos minutos, las vidas de todos fueron cambiadas para siempre. "¿Cómo pudo haber sucedido esto? ¿Cómo permitió Dios esto? ¿Por qué sucedió esto?" Estas fueron las preguntas que atormentaron a la familia por años. Como resultado de la tragedia, la soledad de Genoveva crecía cada día más. Al entrar al colegio, Roberta quería pasar más tiempo con sus amigos y menos tiempo en casa. Por lo tanto, Genoveva llegó a ser muy controladora y, a veces, violenta, se enfurecía con su hija, se encontraba muy molesta.

Genoveva empezaría a reclamarle por muchas cosas, de las cuales la hija era inocente. En ocasiones, a causa de su enfado, Genoveva tomaba el objeto más cercano y se lo lanzaba a su hija en una explosión de ira. Por tanto conflicto Roberta comenzó a alejarse buscando maneras para escapar. Pasaba más y más tiempo fuera de la casa. y sucumbía poco a poco en el alcoholismo. A la vez, sus padres caían repetidamente en patrones de discusiones y pleitos.

A través de todo el abuso físico y emocional, Roberta aprendió a protegerse a sí misma de aquellos que la herían, y construyó una pared emocional para adormecer el dolor que experimentaba. Muchas veces se encontró diciéndose: "¡Yo nunca voy a tratar así a mi esposo ni a mis hijos!"

A la edad de diecisiete años, la noche que Roberta se graduó del colegio se mudó de su casa para escapar del daño y la locura de su familia. Después de un corto tiempo de trabajar y vivir en el centro de Hollywood, experimentó lo que muchos estudiantes universitarios descubren después de una semana de vivir en una ciudad costosa: ¡es costosa! Así que tuvo que mudarse de nuevo a su casa y tomar otro empleo. Trabajaba como anfitriona en un restaurante en el Valle de San Fernando. Fue allí donde conoció a su esposo, un cantinero.

Roberto era un hombre gracioso que disfrutaba contar chistes y hacer que sus clientes se rieran. Pero a pesar de su personalidad chispeante, todavía lidiaba con el dolor de dos divorcios previos.

Disfrutaba de un par de tragos al día, pero no sentía que su deseo de beber era –en ninguna manera– un hábito.Roberta y Roberto se casaron y después tuvieron un bebé. Yo fui ese bebé. Tres años después de su ceremonia de matrimonio, se dieron cuenta de que su matrimonio no funcionaba. Así que decidieron separarse. Mi padre se mudó con mi abuela, mientras que mi madre y yo vivimos en el extremo oeste del Valle de San Fernando. Mi papá era un muy buen padre, hacía un esfuerzo para verme todos los días después de clases, antes de irse a su trabajo, todas las noches en el bar. Él me amaba y me lo expresaba de tiempo en tiempo. Cuando llegué a la edad de doce años, mi madre y yo nos mudamos a Oso Grande, California. Este fue un punto de cambio importante en mi relación con mis padres.

Por causa de la distancia entre el Valle de San Fernando y Oso Grande, mi padre me veía solo dos veces por mes, domingo por medio en la tarde. Yo tuve que afrontar una pérdida importante... cada vez que él se iba de regreso a su casa, me sentaba en el pórtico y lloraba, me preguntaba por qué la vida me había clavado una daga en el corazón.

Mi madre tenía sus propios problemas. Vivir en una comunidad habitacional en la montaña no solo era aburrido, sino también solitario. Aún más, ella tenía dificultades en hacer amigos dentro de su nueva comunidad, y por lo tanto comenzó a beber con frecuencia. Después de dos años, decidió casarse con un ex novio.

El tratar de emparejar a estos dos era como tratar de extinguir un fuego con gasolina. En la mañana él le reclamaba acerca de su hábito de beber, aunque él era el primero en pasarle un trago en la tarde. Esto solo se sumaba a la locura de su desbalanceado matrimonio. En ese entonces, solo pasaban tiempo juntos los fines de semana.

Él vivía y trabajaba en Burbank, donde su empresa comenzó haciendo transferencia de películas a video para las cadenas televisivas, así como para el mercado pornográfico. Él tenía treinta tres años más que ella.

Su matrimonio, de alguna manera sobrevivió muchas caídas libres y, también, casi se descarriló en muchas ocasiones. Mientras tanto, yo me sentaba a un lado y miraba cómo mi madre caía más profundamente en la depresión, mientras descargaba toda su ira y agresión hacia su esposo. A veces no me explicaba cómo ella sobrevivía.

Poco tiempo después de cumplir quince años, una familia hispana que vivía al frente de mi casa me hizo conocer el mensaje más gentil y dulce que yo jamás había escuchado. Fue la primera vez que escuché que Jesús me amaba por quién yo era y que Él nunca iba a defraudarme. Fui con ellos a la iglesia y varias semanas después le di mi corazón a Jesucristo.

No obstante, mis padres pensaron que yo atravesaba un tiempo difícil. Tuve muchas disputas verbales con mi madre. Ella me decía qué inútil era mi dedicación a la "religión", y qué ridículo era mi compromiso con la iglesia. Recuerdo una noche en que tuvimos una discusión acalorada y mi paciencia casi se agotó. Finalmente ella dijo: "¡Si a ti no te gusta, pues vete ya!"

Así que me fui. Tomé un poco de ropa, me metí dentro de mi automóvil y empecé a salir del garaje. A medida que daba marcha atrás para salir, continuábamos gritándonos el uno al otro. Muchos de los vecinos salieron para ver de qué se trataba tal alboroto. Para decir poco, fue una experiencia vergonzosa y embarazosa. A pesar de todo, una cosa fue sorprendente para mí: al día siguiente ella no recordaba nada de lo que había sucedido.

Durante ese periodo de mi vida yo oraba por su salvación y le pedía a Dios que interviniera en su vida. Oraba para que Jesús entrara a su vida y la rescatara de su comportamiento destructivo en el que estaba atrapada. A través de toda la turbulencia y la conmoción que experimentaba, nunca me pregunté por qué ella me trataba de esa manera. Pensaba que nuestra familia era normal.

Así que, en medio de la turbulencia, aprendí a protegerme a mí mismo de los que me herían y formé una pared emocional para adormecer el dolor que experimentaba. Muchas veces, me encontré diciéndome: "¡Yo nunca voy a tratar así a mi esposa ni a mis hijos! Cuando crezca, voy a ser diferente de mis padres".

Esta historia es la historia de millones de millones de hogares y familias alrededor del mundo. Mis padres son personas grandiosas.

Los amo y los respeto entrañablemente. Ellos, como yo, fueron simplemente atrapados en los ciclos que comenzaron generaciones antes de que ellos nacieran. Ellos hicieron lo mejor que pudieron con lo que tenían; de mi parte, se ganan un cien por cien.

Pero dos preguntas continúan: ¿cómo detenemos esta locura?, ¿cómo salimos de esta destrucción? La respuesta en síntesis es: Dios tiene el poder para redimirnos de los patrones de ataduras que nos han mantenido alejados de experimentar su libertad para nuestras vidas.

Este es mi recorrido. Este es mi testimonio. El siguiente capítulo delinea el proceso de lo hecho por Dios en mí. Se enfoca en lo que Dios puede hacer para cambiar la locura en nuestras generaciónes –pasadas, presentes y futuras– y transformar la vida en bendición, propósito y prosperidad. Eso es exactamente lo que Dios desea para cada vida.

Capítulo 3

DE TAL PALO tal ASTILLA

L a mayoría de las personas se han dicho a sí mismas: "Cuando crezca, seré diferente de mis padres. ¡Voy a hacer las cosas de manera distinta!" Normalmente pensamos estas cosas cuando estamos enfadados o disgustados con nuestros padres por causa de algún episodio penoso. La manera en que hablamos, andamos, reaccionamos, pensamos y conducimos nuestras vidas, incluso la manera que fuimos criados, son cosas que queremos cambiar cuando llegamos a ser adultos.

Hacemos todo tipo de promesas para descubrir que cuando crecemos tenemos muchas de las mismas tendencias que despreciábamos durante nuestros años de juventud. Vemos a nuestros padres en nosotros mismos, y eso no calza bien con la mayoría. Y cuando otros dicen: "Es igual a su padre", hay un sentimiento de desazón que llena nuestros corazones.

Para la mayoría de los adolescentes, los padres no son "modelos". El pensamiento de crecer y ser como ellos, asusta.

Así que, si intentamos tan fuertemente ser diferentes, ¿por qué tantos siguen en sus pasos? ¿Cómo se pasan estos modelos de una generación a la siguiente? ¿Por qué es tan difícil superar aquello que parece plagar el árbol genealógico? Aunque intentamos cambiar, aunque deseamos ser libres, aunque procuramos romper las cadenas, nos encontramos volviéndonos igual que nuestros padres de muchas maneras. ¿Por qué? La respuesta puede encontrarse en la Biblia, en el libro de Éxodo.

Hay leyes espirituales universales que no pueden romperse. Cuando ellas se rompen afectan no solo al individuo, sino también a la familia entera y, en muchos casos, a las generaciones venideras. Hay procesos y consecuencias que son irreversibles, inevitables e invariables. No importa quien sea, el ser humano está sometido a un proceso puesto en movimiento por Dios, un proceso que empezó cuando el Señor le entregó los Diez Mandamientos a Moisés.

Buena parte del mundo cree en los Diez Mandamientos y se refiere a ellos como una base para la vida moral y la conducta ética. Casi todos los sistemas judiciales abrazan al menos la mitad de los mandamientos como el punto de arranque de su ordenamiento jurídico. Los dos mandamientos más importantes, sin embargo, son probablemente los más ignorados. Se trata del primero y el segundo. Entiendo que son los más importantes porque Dios, y no el hombre, los colocó en ese orden.

A medida que Éxodo 20 comienza, Dios establece su derecho y autoridad al dar los mandamientos: *"Dios habló, y dio a conocer todos estos mandamientos: 'Yo soy el Señor tu Dios. Yo te saqué de Egipto, del país donde eras esclavo'".*

Esta declaración demuestra la autoridad de Dios para dar los mandamientos siguientes. En esencia, Él dice: "Yo demostré mi poder sobre Faraón. Envié las plagas a Egipto. Los arranqué de la esclavitud. Realicé milagros, señales y prodigios. Los libré del país más poderoso en el mundo. Por consiguiente, tengo la autoridad para guiarlos. Yo escojo las jugadas. Ahora, esto es lo que quiero de ustedes".

Mandamiento 1: *"No tengas dioses además de mí".*

Mandamiento 2: *"No te hagas ningún ídolo, ni nada que guarde semejanza con lo que hay arriba en el cielo, ni lo que hay abajo en la tierra, ni con lo que hay en las aguas debajo de la tierra..."* (Éxodo 20:3-5a).

Para el Señor el culto a los ídolos es una ofensa muy seria, sobre todo cuando lo reemplaza a Él como el Señor Dios todopoderoso en la vida del individuo. A esta transgresión tan seria viene una consecuencia muy seria. Por esa razón dos de los Diez Mandamientos se dedican a la idolatría y seis versículos tratan de esos primeros dos mandamientos.

Más allá, Dios dedica un versículo entero a las repercusiones de quebrantar los mandamientos. Note lo que dice en el versículo 5: *"No te inclinarás a ellas, ni las honrarás; porque yo soy Jehová tu Dios, fuerte, celoso, que visito la maldad de los padres sobre los hijos hasta la tercera y cuarta generación de los que me aborrecen".*

Yo luchaba con el concepto de que Dios de algún modo pudiera castigar a los niños por los pecados de sus padres. ¿Cómo puede Dios, un Dios justo, castigar niños inocentes por los errores de generaciones pasadas? En mi búsqueda por intentar entender este pasaje de la Escritura, descubrí que Dios no es el que castiga a los niños. Los padres castigan a sus propios niños.

–"¿Cómo?" –preguntará usted.

Los niños crecen aprendiendo y copiando la conducta de sus padres. Los niños absorben los hábitos de sus cuidadores a medida que los observan a lo largo de la vida. Alguien dijo una vez que los niños son como cámaras de video con piernas. Caminan alrededor y graban todo lo que nosotros decimos y hacemos.

Los padres nos enseñan cómo caminar, hablar, comer, relacionarnos y también cómo negociar a través de la vida. Nos enseñan cómo pensar acerca del mundo alrededor de nosotros y acerca de nosotros mismos. Son nuestros modelos.

Asimismo pueden enseñarnos cómo hacer trampas, mentir, fornicar, abusar, robar, menospreciar el matrimonio, maltratar a otros, ser hipócritas, odiarnos a nosotros mismos o desatender la ley. Los padres no necesitan hablar sobre estos temas. No tienen que articular lo que piensan. Su testimonio silencioso y la manera en la que dirigen sus vidas ilustra lo que es aceptable. Tal vez no digan:

–"Oye, ¿por qué no te conviertes en un drogadicto cuando crezcas?"

Ni quizás: –"¿Por qué no te vuelves un fornicario o quizás un alcohólico?" Puede ser que no digan una palabra. Pero si viven tales vidas, nos muestran a través del ejemplo lo que es aceptable para ellos.

Así que entonces, pensamos: "Lo que es bastante bueno para mamá y papá, es bastante bueno para mí. Si tal conducta es aceptable para ellos, entonces es aceptable para mí". Dios no es el que nos enseña cómo pecar. Los padres y la sociedad nos enseñan los modelos de destrucción. Por consiguiente, Dios no castiga a los niños. Los padres castigan a sus niños al facilitar el ciclo vicioso que pasa de una generación a la próxima. Todo lo que Dios hizo fue advertirnos del ciclo inminente de destrucción para los que practican la idolatría.

Este es un proceso imparable y es la consecuencia fundamental de romper la ley. Dios dice: "Si desobedecen mis mandamientos, automáticamente ponen en movimiento un efecto dominó para tres o cuatro generaciones". Dios dice: "Si practican estas cosas, no solo se hieren a ustedes mismos, sino que preparan destrucción potencial a las próximas tres o cuatro generaciones".

Dios no facilita el problema. Nosotros lo hacemos. El Señor simplemente nos alerta de las consecuencias.

Para este momento estoy seguro que usted está diciendo: "Pero yo no adoro ídolos. No tengo ninguna estatua en mi casa. Y no me arrodillo ante nada". ¿Cómo pudiera conectarse nuestra vida al culto a la idolatría? El culto a los ídolos no es simplemente ponerse de rodillas y proferir algún ritual. Es un acto emocional y espiritual a la vez.

Todo en nuestras vidas tiene el potencial de convertirse en un ídolo. La idolatría abraza muchas cosas de un ancho espectro. Podría significar arrodillarse y adorar. Podría ser nuestra persecución apasionada por el materialismo. El culto a los ídolos es la práctica de buscar lo que de forma regular, consistente y habitualmente trae satisfacción en un tiempo de necesidad, dolor o ansiedad, en lugar de buscar primero a Dios. Es esa cosa por la cual clamamos y a la cual rendimos nuestra voluntad en lugar de a Dios.

Dicho sencillamente, es cualquier cosa que reemplaza al Señor Dios omnipotente en nuestras vidas. Un ídolo no es solo una estatua. Es un "mini dios" emocional al que nos unimos y de quien nos volvemos dependientes. Nosotros lo anhelamos y lo abrazamos en nuestros corazones. Y encontramos casi imposible vivir sin él.

Así que, el alcohol puede convertirse en un ídolo para los que luchan con la bebida, porque este, y no Dios, llena un vacío. Los alcohólicos acuden al licor por ayuda. Recurren a él para solazarse. Buscan una manera de calmar las voces de ansiedad en su cabeza por las presiones diarias de la vida. El alcohol se convierte en un dios que trae tranquilidad temporal, paz y satisfacción ante el rostro de demonios chillones que implacablemente siguen a la víctima adicta.

Pero finalmente el alcohol reemplaza al Dios omnipotente en la vida de la persona que lucha.

La compra compulsiva es probablemente el mayor vicio en los países prósperos en este tiempo. Ahora más que nunca la gente está inmersa en deudas, y el gastar obsesivo parece girar fuera de control. Muchos buscan la manera de llenar su vacío al comprar artículos que realmente no necesitan. El ir de compras se ha convertido en la búsqueda sin desmayar de adquirir esa prenda de vestir, el novísimo artículo electrónico, el más moderno electrodoméstico, el automóvil cero kilómetro, el más sofisticado juego de video o el último modelo de lo que sea que pensamos que llenará el vacío en nuestro corazón.

Y cuando lo conseguimos, aunque provea una subida temporal, tarde o temprano se regresa al mismo sentido de vacío que anteriormente se tenía.

Tal vez no haya ídolos físicos ante los cuales nos rindamos, pero los centros comerciales, tiendas cibernéticas, centros comerciales al por mayor y mercados se han convertido en lugares donde la gente puede adorar al dios del materialismo.

Permítame aclarar que el ir de compras no es malo en sí mismo. Pero cuando se busca un bien material para llenar el vacío en las vidas en lugar del Señor Dios todopoderoso, esto puede convertirse en idolatría.

Lo mismo puede decirse sobre las drogas. Cada vez más y más adolescentes se vuelvan hacia substancias estimulantes, deprimentes, narcóticas o alucinógenas que alteran su estado de ánimo, las que crean una dependencia mortal. El ciclo se acelera a medida que aumenta la dependencia, hasta que la persona está físicamente adicta a la sustancia. El cuerpo empieza a exigir la droga para tener estabilidad. Quizás el drogadicto no se arrodilla ni adora a un dios llamado cocaína, marihuana, hachís, heroína, opio, LSD, morfina o anfetaminas.

No obstante, muchos están dispuestos a matar por la sustancia que trae ese alivio temporal. Esa sustancia se convierte así en su dios.

La pornografía en la Internet es otra área en la que cada vez más personas se vuelven adictas. Esta es una de las áreas más peligrosas, ya que casi no hay evidencia externa de que exista adicción. Muchos adolescentes están enganchados en la pornografía antes de los trece años. A pesar de que nuestras habilidades motrices no se alteran de la misma forma que con las drogas o el alcohol, nuestro estado de ánimo cambia a medida que nos volvemos más agresivos en nuestra búsqueda del sentimiento que esta adicción produce en nosotros.

La violencia doméstica no está exenta del proceso de pasar a la próxima generación. Fácilmente uno podría argumentar que la máxima de poder es dominar a los que son más débiles o dependientes.

El usar la violencia y el abuso es una manera de sentir superioridad, especialmente durante tiempos de impotencia y desesperación.

Eso también puede convertirse en un ídolo. Sacia las voces internas de ansiedad e incapacidad, especialmente cuando las demás personas en el hogar son forzadas a someterse de manera incondicional. En la mayoría de los casos, uno de los padres obliga a los demás –incluso a su cónyuge y niños– a sumisión total.

¿Cuantas mujeres viven con hombres que abusan de ellas físicamente? Sus secretos no parecen ser revelados. Pero los niños se enteran totalmente de cómo su papá trata a su mamá. Observan el comportamiento de sus padres y, por lo tanto, continúan en los mismos patrones de conducta al comenzar sus propias familias.

La comida no es ninguna excepción. Muchos de nosotros, durante tiempos de ansiedad, empezamos a llenarnos de comida y dulces. No me refiero a comer cuando tenemos hambre. Hablo sobre lo que los psicólogos llaman "comer emocionalmente".

Muchos comen por nerviosismo o ansiedad. Durante tiempos de necesidad podemos volcarnos hacia varias cosas. La comida es una de ellas. Lo cómico, acerca de la comida como un vicio, es que la evidencia puede verse en el tamaño de nuestra cintura y vientre. Simplemente mire el porcentaje de las personas en su familia, vecindario y país que tienen sobrepeso.

Herir a otros es algo que las personas hacen personalmente o a espaldas de las víctimas. Esto las hace sentir mejor cuando han experimentado frustración, heridas o enojo. Es una manera de ponerse encima de otros para que el dolor, la falta de realización o la desilusión pueda suprimirse.

La amargura, el enojo y las heridas provocan que las personas descarguen lo que sienten en los demás. Herir a otros se convierte, entonces, en un hábito que produce satisfacción. Esto también puede convertirse en un dios en nuestras vidas, y es un hábito que se pasa a la próxima generación.

La mentira se utiliza para engañar a otros. Aquellos que mienten se sienten con poderes, sobre todo los que son mentirosos compulsivos. Encuentran consuelo al engañar y desviar a otras personas, y tienen una necesidad de manipular la verdad. El sentimiento que esto produce es como "una subida" de droga. Así, las personas se vuelven a semejante vicio con regularidad. En lugar de ir tras la verdad, en lugar de la rectitud, en lugar de buscar a Dios, buscan una vida de engaños. Debido a que temporalmente llena el vacío, Dios es reemplazado, y la idolatría entra y toma posesión.

Lo mismo podría decirse del adulterio o del abuso sexual y emocional. Quizás la televisión en exceso es una lucha para algunos. El punto es que casi todo puede convertirse en un ídolo. Somos capaces de adorar cualquier cosa imaginable. Somos capaces de hacer, de cualquier cosa, un ídolo.

Después de observar todo esto, es fácil que veamos cómo los hijos de los que practican tales cosas tienden a abrazarlas también.

¿Ha escuchado alguna vez la expresión: "De tal palo tal astilla"? ¿O "Como el padre así el hijo"? Estos refranes no se desarrollaron de la nada. Estas declaraciones se formaron con el tiempo y describen un simple hecho: los hijos se vuelven como sus padres.

A medida que alimentamos ese dios privado en nuestra vida, comienza un modelo de conducta destructiva, el que eventualmente se pasará hacia la próxima generación. Es una conducta aprendida. Se clasifica como aceptable. Y es enseñada a través del ejemplo por las anteriores generaciones.

La regla del 60%

Alcohólicos Anónimos dice que el 60% de las personas cuyos padres lucharon con el alcoholismo, también terminarán luchando. Lo mismo podría decirse con los que se enfrentan con cualquier otra forma de adicción. Sea pornografía, abuso de drogas, abuso de niños, desórdenes alimenticios o cualquiera de los temas antes mencionados, estos modelos de comportamiento son aprendidos y transmitidos hacia la próxima generación: los niños.

Lo mismo es verdad acerca de los bebés que nacen adictos a la droga. Aquellos que al crecer miran a mamá y papá que fuman marihuana, crecen sintiendo que usar drogas es aceptable. Si la madre y el padre son abusivos hacia ellos, entonces probablemente cuando se casen llevarán a cabo los mismos patrones de conducta. Naturalmente, los que crecen siendo abusados tienden a realizar conductas abusivas. Los que fueron molestados sexualmente de niños, luchan con la conducta y expresión sexual apropiada. Uno solamente puede imaginar el tipo de adicciones pornográficas que nuestra sociedad tendrá, después de que varias generaciones constantemente vean las imágenes que muestra la Internet.

Los desórdenes alimenticios y la obesidad también son transmitidos. Si pensamos en algún individuo que tiene ese problema, veremos que en la mayoría de los casos uno o más de sus padres han luchado con lo mismo. Los doctores dicen que si un padre tiene sobrepeso, el niño tiene un 40% de probabilidad de luchar con la obesidad. Si ambos padres tienen sobrepeso, entonces el niño enfrentará un 80% de probabilidad de padecer sobrepeso.

Por supuesto, hay excepciones. Los niños aprenden los modelos de comportamiento destructivos de sus padres, y así es cómo estas conductas se pasan de una generación a la siguiente. Es un proceso aprendido. Dios no castiga a los niños. Los padres castigan a los niños y en la mayoría de los casos, lo hacen sin saberlo.

Tomemos por ejemplo a un hombre que es un adicto al trabajo. Sus niños crecen mirando el ejemplo de su padre y su extremo deseo de ser productivo. El precio que él paga será el escaso tiempo que pasa con sus niños y su esposa. Podría incluso perder a su familia en el proceso.

¿Cuál es la consecuencia a largo plazo? Sus hijos crecen con las mismas tendencias. Puesto que su padre nunca estaba en casa y trabajaba ochenta horas por semana, debe ser aceptable para ellos hacer lo mismo en sus matrimonios. Paralelamente, si su esposa se siente descuidada, ella podría abrirse a otro hombre que la haga sentirse apreciada. Por consiguiente, varios modelos destructivos habrían comenzado.

Primero, el padre muestra su aceptación de su trabajo-adicción. Muestra a sus hijos y a su matrimonio que ellos no son tan importantes como su carrera. Aún más, la esposa sugiere silenciosamente que el adulterio es permisible. Todos sabemos, sin embargo, que esto no se detiene allí. En muchos casos podríamos agregar fácilmente la bebida, la gritería, el abuso y la violencia a esa mezcla, y esa sería una mejor descripción de la familia promedio que vemos alrededor del mundo.

El resultado final es un divorcio hostil, donde más del 50% de los matrimonios terminan en amargas disputas judiciales. Los niños son destrozados y menospreciados y, en muchos casos, el mismo ciclo de destrucción se repetirá.

Estos problemas no son solo del siglo XXI. Podríamos argumentar que las drogas no existieron hace ochenta años –por lo tanto– ¿cómo podría la drogadicción haberse transmitido a tres o cuatro generaciones? Buena pregunta. La drogadicción en sí, no lo era, pero las personalidades y conductas adictivas sí. Uno podría decir que la pornografía no vino hasta el siglo XX, o que el licor fuerte nunca existió hasta los últimos siglos.

Correcto de nuevo, pero se han violado mujeres, se han abusado niños y las personas se han emborrachado desde el principio de tiempo. La sustancia no es el problema. El abuso de la sustancia es simplemente una manifestación de un problema más profundo. El problema no es necesariamente que sea adicto. El problema es la atadura de la adicción. Debido a conductas aprendidas, las personas han sido esclavizadas y han caído en patrones adictivos.

Yo las llamo las semillas de destrucción. Ellas tienen el potencial para conducir nuestras vidas hacia modelos adictivos destructivos que siembran devastación en nuestras vidas y en las de nuestros hijos. Este no es un fenómeno del siglo XXI. Tales hábitos de comportamiento se han transmitido de generación en generación durante siglos.

Una fuerza diabólica

Existe otro elemento que no puede excluirse del proceso. Hay una fuerza diabólica que se desliza en la mezcla. Después de mirar desapasionadamente la historia de la humanidad, no queda duda alguna, ni siquiera en las mentes de muchos agnósticos: el mal existe, es el verdadero enemigo de Dios.

Dada su naturaleza diabólica, el mal destruiría tantas vidas como le fuera posible. El maligno guía un ejército que desea eliminar nuestras vidas. La Biblia dice en 1 Pedro 5:8: *"Sed sobrios, y velad; porque vuestro adversario el diablo, como león rugiente, anda alrededor buscando a quien devorar"*.

El único propósito de Satanás es traer destrucción y muerte a todo lo que Dios ha creado. Él usa todas las formas de adicción, abuso, dolor, depresión, odio, ansiedad y soledad para provocar la destrucción de la creación de Dios. Desea separar matrimonios, aniquilar las familias, debilitar las relaciones y erradicar el amor y la paz de la faz de la Tierra. En resumen, desea destruirnos a usted y a mí.

Por consiguiente, utiliza todos los modelos de comportamiento destructivo como un catalizador para provocar nuestra ruina y muerte. Estas son herramientas usadas por Satanás para lograr su objetivo.

¿Cómo hace esto? Tira la tentación en nuestro diario caminar. Constantemente nos bombardea con ofertas atractivas que nos llevan a comprometer las leyes que Dios nos ha dado. Somos bombardeados a través de muchas cosas para intentar que rompamos los primeros dos mandamientos. Puede usar la soledad y la alienación con el fin de animarnos a que busquemos escapar a través del abuso de sustancias. Puede usar diferentes tipos de programas de televisión, películas y anuncios; así como a los amigos, familia y conocidos. El enemigo conoce nuestra debilidad. ¿Para qué tentarnos en un área en que somos fuertes?

No. Satanás pone tentaciones en nuestro camino pues sabe que podrían provocar nuestra caída.

¿Ha estado a dieta alguna vez? Yo pienso que la mitad de los habitantes del planeta alguna vez ha intentado perder peso. Es una experiencia dolorosa, sobre todo el primer par de días. Primero tiene que conseguir el suficiente valor para intentar la maravillosa tarea de bajar su consumo calórico y aumentar sus actividades diarias. Entonces debe encontrar la fuerza y voluntad para ser disciplinado en sus comidas y ejercicios.

Digamos que empieza en forma excelente. Tiene una semana o dos de pura victoria. Hizo ejercicios. Evitó las barras de chocolate, las comidas fritas, el pan untado con mantequilla (manteca) y los deliciosos pasteles de crema. De repente recibe una llamada de un amigo o miembro de la familia que lo invita a su casa para cenar. Usted menciona que está cuidando lo que come.

Pero llega y ve que el lugar está bien decorado. La atmósfera es ideal para una bonita cena amistosa. Le sirven pollo, aunque saben que cuida su peso. Pero el pollo es increíble. Así que se sirve una porción extra. Después de todo, es solo pollo. Quizá toma un vaso más de esa maravillosa bebida de fruta. Quizá se sirve una porción más de brócoli con queso. Después de todo, es verdura. Y se dice a sí mismo: "Oye, no lo he hecho tan mal hasta ahora".

Entonces ellos sacan el postre… su postre favorito. Es un pastel de chocolate y café hecho de helado sofocado en salsa de chocolate caliente. A medida que su amigo se acerca a la mesa con semejante monstruosidad de tentación, nota las rodajas de almendras tostadas que cubren los bordes exteriores. De repente, cada voz que le recuerda su gordura y que lo llevó a emprender esta aventura dietética, se ha silenciado. Su ropa no parece estar tan ajustada. Usted piensa: "Mira, tengo más espacio allá abajo para esta agradable experiencia. Quizá probaré la mitad de una rebanada".

Así que va a trabajar bien despacio con la primera mitad. La charla en la mesa sigue sin parar. Las personas están contentas. La conversación es ligera. Nadie recoge la mesa, y usted intenta no mirar fijamente las porciones restantes del pastel de chocolate, pero no puede resistirse. ¡Es como si el pastel comenzara a hablarle diciendo: "¡Qué desperdicio! Estoy aquí solo a la espera de traer inmensurable placer a algún paladar. Estoy aquí para que alguien me coma. Vamos... venga. No permita que yo sea desperdiciado". No puede resistirse. Agarra la cuchara de servir y rebana otro pedazo de la mitad que había quedado en la bandeja. De todos modos, esa era su rebanada. Después de que pasan un minuto o dos, rebana todavía otro pedazo. Muy pronto nota que ha engullido la mayor parte del postre. Así que mejor se lo termina todo de una vez.

El daño está hecho. No ha caído en la tentación por las verduras cocidas al vapor o por el pescado asado a la parrilla. Cayó debido a algo que lo sedujo. Era como si se le impidiera ver las consecuencias de sus acciones. Fue golpeado por la única cosa que le era más difícil resistir. Y a medida que caía, justificaba sus acciones durante la experiencia entera. Ahora, si suma el pedazo extra de pollo (250 calorías), el brócoli con queso (350 calorías) y el pastel de chocolate (1.200 calorías) descubrirá que comió más en una noche que lo que normalmente comería en tres.

Y al día siguiente se sube a la balanza. Ese es el momento que las anteojeras se caen y la realidad se pone en evidencia. La balanza lo encuentra como un kilo y medio más pesado. Su confianza disminuye. La dieta se coloca en el estante hasta la próxima vez que no pueda soportarse a sí mismo, al punto de intentar hacer algo al respecto.

La tentación de Satanás trabaja de maneras similares. Podríamos sustituir el pastel de chocolate por una aventura extramarital, drogas o cualquier otra cosa que cause una caída. Él promete placer, diversión y emoción. Igual que como con el pastel, cuando estamos confrontados con la tentación, no podemos ver cómo esta afectará nuestra vida, matrimonio, niños o salud. Quedamos enceguecidos a las consecuencias de nuestras acciones. El pastel de chocolate enmudece nuestra disciplina y las voces que nos decían cuánto pesábamos y qué ajustada estaba nuestra ropa.

De la misma manera Satanás se presenta con tentaciones que nos impiden oír claramente la voz de la razón, la voz de la bondad, la voz de la rectitud, la voz que nos ayuda a tomar decisiones saludables para nosotros y para nuestros seres queridos.

Por consiguiente, cada vez que la tentación nos lleva a romper una de las leyes espirituales de Dios, estaremos sobre la balanza de la vida la próxima mañana y comprenderemos el daño que se ha hecho. Podremos oír la voz de la razón decir: "Intenté decírtelo. Pero no me escuchaste". Cuando miramos la balanza, comprendemos que nuestro lado destructivo ha ganado peso. Alimentamos su apetito. Sin embargo, a menos que aprendamos a manejarlo, regresará por más.

Estoy seguro que en este momento se pregunta: "¿Cómo aprendo a manejar mis modelos de comportamiento destructivos? ¿Cómo puedo detener mi conducta destructiva?" Esta es una gran pregunta. Es la pregunta por la que adquirió este libro. El primer paso es encontrar la fuente. ¿Cómo puede identificar la fuente de su conducta destructiva? ¿Qué es eso que lo mantiene atado?

Dígame cómo se siente

Los modelos destructivos no son el resultado de un acontecimiento. Son el resultado de una emoción, muchas veces centrada alrededor de uno o una serie de eventos. El evento no causa caos en nuestros corazones. Nuestra interpretación emocional del evento causa la locura. La mayoría de las personas que sufren con hábitos destructivos experimentan ansiedad, temor, dolor, resentimiento o alguna forma de amargura. Llegar a la raíz, es la forma de averiguar cómo se siente y lo que ha causado esta emoción.

Pregúntese la próxima vez que se encuentre buscando cualquier cosa que anhele adquirir: ¿qué siento en este momento? Intente aislarse durante diez segundos. Encuentre un lugar privado. Si no puede aislarse físicamente, entonces hágalo mentalmente. Hágase las siguientes preguntas: ¿Estoy seguro o ansioso? ¿Me siento en control o desesperado? ¿Tengo deseos de perdonar o estoy enfadado? ¿Me siento herido? ¿Amargado o resentido?

¿Necesito descargarme? Y si ese es el caso, ¿de qué? Encuentre la fuente emocional. ¿Es la ansiedad? En muchos casos lo es.

La mayoría de las personas que están enganchadas en la pornografía de la Internet, los cigarrillos, el alcohol y otras drogas, buscan algún tipo de escape.

¿Escape de qué? No intentan escapar de la realidad, sino de su interpretación emocional de la realidad. Intentan escapar de su ansiedad. Las personas constantemente buscan maneras de calmar esas voces en su cabeza que parecen estar fuera de control. Por esa razón se vuelven a una experiencia que altera su estado de ánimo o humor. Pregúntese la próxima vez que diga: "Necesito un trago", ¿qué siento? ¿Por qué necesito un trago? Entonces pídale ayuda al Señor. Ruegue a Dios que le ayude a tratar con la sensación de sentirse fuera de control.

Los discípulos de Jesucristo cruzaban el mar de Galilea, cuando una tormenta grande casi hundió su barco. Eran pescadores experimentados, habían visto muchas tormentas terribles en sus días. Pero algo era distinto. Se convencieron de que iban a morir. Jesús resultó estar dormido en la proa del barco. Ellos fueron y lo despertaron. Él se puso de pie, reprendió la tormenta y la paz se apoderó de la región.

Muchas veces necesitamos que Dios nos ayude a manejar las tormentas emocionales de nuestras vidas. Necesitamos que Él nos guíe hasta que encontremos la navegación pacífica. Por esa razón la Biblia se refiere a Jesús como el Príncipe de Paz. Jesús ofrece paz a los que están en medio de la tormenta.

¿Estresado?

Muchas veces nos volvemos al alcohol o otras drogas porque nos sentimos estresados. De nuevo, las presiones del trabajo o los problemas financieros nos hacen beber. Es nuestra respuesta emocional a estas circunstancias lo que nos lleva a zambullirnos en esas prácticas destructivas. Cuando combinamos nuestra mala administración emocional con el hecho de que Satanás constantemente nos refriega la tentación en nuestras caras, no es ninguna maravilla lo desordenadas que puedan estar nuestras vidas.

Quizá se siente enfadado, amargado o resentido. Quizá se siente herido o rechazado. Pregúntese: "¿Qué busco y por qué siento que lo necesito? ¿Qué conducta loca estoy anhelando?" Llegue a la emoción de fondo. Averigüe lo que esa emoción en particular le dice y qué es lo que desea.

La amargura y el resentimiento buscan ver a las personas heridas, por lo tanto anhelan venganza. La herida necesita salir y usa el enojo para hacerlo. Las emociones hablarán y dirán exactamente lo que quieren. Eso no significa que deba darles lo que quieren. Simplemente, como un buen padre que averigua lo que sus niños desean, averigüe por qué está disgustado. Haga la pregunta. Igual que como un niño, no mantenga su boca cerrada, y tarde o temprano tendrá una respuesta.

Así que, ¿de dónde vino eso?

¿Alguna vez alguien ha estallado en ira en contra de usted? Usted se hace esa pregunta famosa: "Oye, ¿de dónde vino eso?" Llegar a la fuente de las luchas emocionales es la clave para tomar la mano libertadora de Dios en su vida. Sí, Dios es soberano. Sí, Él puede tocarnos en cualquier momento. Efectivamente, Él puede sanarnos, liberarnos y –en un segundo– hacernos libres de cualquier atadura en la que nosotros nos encontremos. Sin embargo, recuerde lo que dije al principio del libro: esta es una sociedad. Esta es una aventura conjunta entre usted y Dios. Por consiguiente, Dios le ayudará a llegar a la fuente del dolor, ansiedad, herida, resentimiento, amargura, odio, temor o depresión. Dios lo tomará por la mano y lo guiará a través del proceso de descubrimiento y recuperación.

Ahora, lo que quiero que haga es que piense en una de esas veces cuando la vida está fuera de control. Piense en uno de los momentos cuando necesita un trago. O quizás cuando necesita una salida o escape. Piense sobre ese momento cuando dice: "Es demasiado gravoso para mí. ¡Detengan al mundo, quiero bajarme!"

Eche una buena mirada a las circunstancias que rodean el evento y a su estado emocional. Ahora pregúntese: "¿Me recuerda esto de algo en mi pasado? ¿Me recuerda esto de alguien que me hirió… o de alguien que me defraudó? Quizás fui avergonzado de niño y nunca trabajé en esa área. Quizás fue activado por algo que me pasó. Quizás me sentí rechazado. Quizás nunca he podido superar el dialogo interno negativo que me hace sentir inferior".

La mayoría de estas emociones –como mencioné anteriormente– son activadas por un evento o una serie de eventos. Los eventos por sí mismos no causan caos. No obstante, nuestra interpretación emocional de ellos sí lo hace. Intenté pensar en un momento cuando estaba muy ansioso y no tenía ninguna salida. ¿Cómo se sentía? Ahora intente recordar un tiempo cuando sintió esa emoción por primera vez en su vida. ¿Cuál fue la circunstancia que lo rodeaba? ¿Cómo lo trataron sus padres? ¿Lo hicieron sentirse ignorante, tonto, molesto o insignificante? ¡Busque la fuente!

¡Vuelva a escribirlo!

En este momento tiene una comprensión más clara de cómo los modelos de comportamiento de sus padres tuvieron un profundo efecto en su vida. Ahora tiene un entendimiento más claro de cómo su pasado ha afectado su presente. Ha podido ver cómo esos episodios de sentirse fuera de control están ligados a una circunstancia específica o a una serie de eventos. Ha podido oír el diálogo interno negativo y los sentimientos que vienen como resultado de la mala administración emocional. Aquí es donde comienza el primer paso de la sanidad.

Debemos re-escribir esos guiones negativos y autodestructivos, y convertirlos en un reflejo del amor de Dios en nuestra vida. El resultado final será una vida llena de alegría y la conexión significativa entre nosotros y Dios. Finalmente, veremos nuestra vida transformada dramáticamente.

Como dijimos anteriormente, la manera en que vemos el mundo determina nuestro acercamiento a él y la forma cómo lidiamos con los problemas. Por esta razón es imperativo manejar nuestro concepto de diálogo interno. La manera que pensamos, el mismo diálogo interno y los patrones de pensamiento que abrazamos cada segundo del día, determinan si reaccionaremos defensivamente o de manera positiva.

Cambiar nuestra perspectiva del mundo involucra, también, cambiar nuestro diálogo interno. El diálogo interno es lo mismo que los patrones de pensamiento en nuestra cabeza. Es la manera y el tono en que nos hablamos a nosotros mismos, silenciosa o verbalmente. Todos lo tenemos. Nadie está exento de él. Si alguien no se habla a sí mismo, probablemente ya esté muerto. Aquí están algunas frases clásicas de diálogo interno que la mayoría de nosotros ha pensado en un tiempo u otro:

Eso fue muy tonto. Nunca debí de haberlo dicho.

¿Por qué siempre llego tarde?

No soy tan inteligente como el resto.

Me veo gordo.

Mi pelo es un desastre.

¿Cómo podría ser tan estúpido?

Todos piensan que soy un tonto.

A nadie realmente le interesa.

Me pregunto qué es lo que dicen a mis espaldas.

Apuesto a que ella me utiliza para conseguir lo que quiere.

Mi corazón late muy fuerte… ¡creo que sufro un ataque cardíaco!

Nadie me ama.

Si realmente me conocieran, no les gustaría.

La única razón por qué mi marido todavía está conmigo, es porque él también está gordo.

Nuestro diálogo interno puede ser muy negativo. En momentos, puede llegar a convertirse en paranoia. La meta aquí no es enterrarlo ni ahogarlo. La meta es manejarlo. Vuélvalo a escribir según la perspectiva de Dios. Así que, para contestar algunas de estas declaraciones en nuestra mente, uno podría decir:

Esa no era la mejor cosa para decir, pero me aseguraré de responder con más acierto en el futuro. Le pediré sabiduría a Dios para responder apropiadamente.

No soy estúpido ni mudo. La única pregunta tonta es la que no se hace. Si no entiendo algo, eso está bien, con tal de que continúe buscando las respuestas y la verdad.

Voy a empezar a manejar mejor mi tiempo, así podré llegar a tiempo.

El Señor quiere que cuide de mi cuerpo. Le pediré que me dé fuerza de voluntad. Escogeré perder peso... y mientras tanto vestiré ropa que me haga lucir más delgado(a).

Todos tenemos un día donde el cabello no nos queda bien. Además, Dios me ha visto en mi peor momento y aun así me ama entrañablemente.

Realmente, soy muy inteligente. Dios me hizo de esa manera, y nadie hace un examen de mi inteligencia.

No estoy solo. A Dios sí le importo. Tengo amigos y familia a los que les importo.

La mayoría de las personas tienen miedo o viven paranoicas por cosas que nunca suceden. Así que no necesito perder mi tiempo preocupándome por eso.

Vuelva a escribir sus guiones. Vuélvalos a escribir basado en el amor de Dios por usted. Permita que la autoestima de Dios hacia usted empiece a sobrescribir los viejos modelos destructivos de auto odio. Eche una buena mirada en el espejo y dígale a la persona que ve allí que Dios la ama. Nada que pueda hacer borrará el amor de Dios por usted, ni quitará su deseo de pasar la eternidad juntos.

Si Dios pudiera hablarle, ¿qué habría dicho para ayudarle a atravesar ese momento? Le diré lo que Dios diría: "La vida es difícil, pero mi amor por ti dura para siempre".

Diría que usted es la niña de su ojo. Vale el precio que su Hijo pagó en la cruz. Diría que si hubiera sido la única persona en la Tierra, todavía habría enviado a su Hijo para que pagara el precio de su pecado. Diría que anhela día y noche que viva una vida más cercana y más significativa con Dios. Que se preocupa profundamente por usted. Que está interesado en su bienestar. Y que ve en su vida un gran potencial para subir sobre la tormenta y volar como el águila.

Nadie desea más que su Padre Celestial, que usted supere las dificultades. Nadie está más de su lado que Dios. Nadie tiene tanta fe en usted como Dios la tiene.

Renovar su mente renueva el espíritu

La mayor consecuencia de renovar nuestras mentes con la Palabra de Dios es que renueva también nuestro espíritu. Cada uno de nosotros tiene un espíritu que está interconectado con nuestra mente y cuerpo. Además de nacer de nuevo, necesita ser recargado y reconectado con Dios. El renovar nuestras mentes rejuvenece el espíritu también. Así que, a medida que tomamos nota de nuestros pensamientos más internos y los sometemos a Cristo, nuestro espíritu se revitaliza y se reconecta con Dios.

Tome un pedazo de papel y dibuje una línea vertical en el medio. En el lado izquierdo anote todo el diálogo interno negativo que usted oye en su cabeza durante tiempos difíciles. ¡Sí, leyó correctamente! Apúntelo todo. No omita nada. No le importe si parece ridículo. Cada pensamiento loco que alguna vez ha soñado, pensado o se ha dicho a sí mismo. Apunte cada pensamiento negativo de su diálogo interno.

Una vez que ha terminado con el lado izquierdo del papel, si necesita más espacio, puede continuar en el lado de atrás de la hoja.

En mis últimos años de adolescente, cometí un grave error. Decidí que iba a intentar mezclar un poco de champaña con otra sustancia y que iba a tomármelo todo con el estómago vacío. Me pegó como una tonelada de ladrillos. De repente me sentí como si hubiera perdido mi mente. Había perdido todo sentido del tiempo. Era como si estuviera viviendo en un universo paralelo, pero como si estuviera congelado en el tiempo.

El pánico entró en mí en todo el sentido de la palabra. Mi lengua se dejó caer al fondo de mi garganta. El latido de mi corazón se aceleró. No importaba lo que intentaba decirme a mí mismo, no podía encontrar paz. No podía calmar aquellas voces fuera de control en mi cabeza. Estaba convencido de que me había ocasionado un daño cerebral permanente. Hice que un amigo me condujera a la sala de emergencias lo más pronto posible. Después de que el doctor me vio, y se rió, me dijo qué tonto fue intentar semejante cosa. Después de aproximadamente una hora y media las cosas empezaron a reestablecerse en mi cabeza, pero algo dejó una marca en mi alma. Por primera vez en mi vida había perdido el total control de mis emociones.

El temor a volverme loco y el temor a perder de nuevo el control se apoderaron de mí tan herméticamente, que no podía respirar. Entonces la peor cosa pasó como resultado: tuve miedo de tener miedo. El miedo y la preocupación son dos de los peores enemigos que enfrentamos hoy.

Después de aproximadamente cuatro a cinco semanas empecé a padecer moderados ataques de ansiedad. Entraban en oleadas. A pesar de que nunca intenté combinar "la burbujeante" con ninguna otra sustancia, caminaba en un constante temor de volverme loco. Intenté escuchar música, distraerme, comer, etc.; pero nada me ayudó.

Todo esto empezó cuando le abrí la puerta al enemigo al intentar experimentar "una subida". Es interesante decir que mucha de mi terrible auto imagen que se había albergado en mí durante años, despertó un torbellino de diálogo interno negativo que llegó a estar fuera de control. Durante muchos años había escuchado cosas negativas hacia mí de mis padres y de otros. Empecé a oír la famosa grabadora de cinta en la parte de atrás de mi cabeza, que me decía que yo no valía nada.

Finalmente visité a un consejero cristiano. Fue allí donde descubrí algo sobre mí mismo que había desechado mi vida entera. Fui criado en un hogar donde el alcoholismo y la desintegración familiar eran la norma. Creí que eso no tendría efecto alguno en mí. Obviamente, estaba equivocado.

Si no tenemos ninguna relación con Dios para que Él restaure nuestras vidas, quedaremos cautivos y confinados a repetir los mismos errores que nuestros padres cometieron.

Las semillas de destrucción también empezaron a crecer en mí. Sí, conocía a Cristo en ese momento. Pero tomé unas malas decisiones que me llevaron a escapar de mi realidad. Poco sabía que lo que hacía era repetir lo que muchas generaciones en mi árbol genealógico también habían hecho.

Después de trabajar en algunas áreas fuertes, como reprogramar esa grabadora de cinta en mi cabeza, el consejero me dio una herramienta excelente. Descubrí cómo Dios quería ayudarme a sobrepasar las malas decisiones que había tomado. Descubrí la herramienta de Dios para regrabar esa cinta en mi cabeza. Recuerde: nuestra percepción es la clave para todas nuestras interacciones en la vida.

Tomé un pedazo de papel y en una mitad apunté cada pensamiento negativo que tenía. Por primera vez en mi vida empecé a escuchar a mis emociones con ningún otro motivo más que para entenderlas. Como un padre que se sienta para escuchar a su hijo, tomé el tiempo todos los días para escuchar lo que mis emociones intentaban decirme. Adivine qué descubrí. Me sentía muy solo y muy triste. No entienda mal. No era una persona triste. Estaba *sintiéndome* solo y triste.

Simplemente porque sintamos algo, esto no nos hace lo que sentimos. Podría preguntarse: "¿Por qué estaba sintiéndose triste?"

Toda mi vida viví alejado de mi padre. Mi mamá y mi papá se separaron cuando yo tenía tres años y se divorciaron cuando tenía nueve. Aún más, me sentía disgustado con mi progreso en la vida.

A pesar de que estaba en la universidad y me iba bien, quería tener más éxito y estar en una relación saludable y significativa. No tenía ninguna de esas cosas. Lentamente mis amigos se mudaban o cambiaban. Sentía como si el mundo me dejara de lado. Además, nunca me había afligido por el hecho de que mis padres se divorciaran. Nunca había expresado mi dolor por toda la soledad que me abrazó cuando era criado por una madre alcohólica que luchaba profundamente con baches depresivos.

Nunca había escuchado cómo me sentía. Simplemente lo enterré. Lo guardé bien profundo dentro de mí. Nunca tomé el tiempo para escucharme a mí mismo. Eventualmente, esos sentimientos activaron una reacción en mi espíritu que me dejó en un estado de ansiedad. Cada vez que no escuchamos lo que pasa en nuestro interior, nuestra mente reacciona como un despertador. Para mí fue un duro despertar de una alarma aterradora. Ese estado de ansiedad era exactamente donde Satanás me quería: desesperado, sin fe, temeroso y atrincherado en modalidad de supervivencia.

Cada vez que entramos en las profundidades de desesperación, depresión, miedo o ansiedad, Satanás se regocija. La ansiedad es lo opuesto de donde Dios nos quiere. Dios quiere que experimentemos paz y armonía. Él desea que tengamos una vida llena de significado y amor.

Después que me había vaciado en ese papel, donde anoté todas mis luchas internas, empecé a anotar todas las cosas que Dios dice sobre mí en la Biblia, en el otro lado de ese papel. Sí, dije: "Aquí dice tal y tal cosa... acerca de mí".

Después de todo, la Biblia dice que fuimos creados a la imagen de Dios y que fuimos destinados para llegar a ser hijos y hijas de Dios (vea Romanos 9:26). Así que empecé a apuntar lo que Dios dice que son mis atributos como un hijo de Dios.

Primero, Dios me ama y se preocupa profundamente por mí y por mi bienestar. No puedo hacer nada para impresionarlo o para hacer que me ame más. Su amor es estable. Es consistente. No depende de mis acciones o de cómo lo trato. La Biblia dice que Jesús vino a la Tierra y murió por mis transgresiones. Él murió en mi lugar. Él me ve como una persona digna, como alguien que tiene valor eterno. Si Dios me ama como soy –con manchas y todo– ¿quién soy para sugerir que soy menos que eso?

Así es exactamente cómo Dios piensa acerca de usted. Él lo ama. No importa lo que usted ha hecho. No importa si es usted bueno o malo. Dios lo ve con gran potencial para convertirlo en su hijo o hija. Usted tiene gran valor, un valor eterno.

Por esa razón Él envió a su Hijo a morir en una cruz, por usted, porque Él lo ve como digno de redención. Si Dios hace dos mil años envió a su Hijo para que lo ayudara, ¿por qué dejaría el trabajo sin terminar y sin ayudarlo hoy? Dios es fiel pues completa lo que comienza en una persona. Usted, mi amigo, no es ninguna excepción a esa regla.

Ahora empiece a escribir en el lado derecho de ese papel todos los atributos que Dios dice que ve en su vida. Si no se le ocurre nada, esto es lo que la Biblia dice sobre usted:

En Zacarías 2:8 leemos: *"Porque así dice el Señor Todopoderoso, cuya gloria me envió contra las naciones que los saquearon a ustedes: la nación que toca a mi pueblo, me toca <u>la niña de los ojos</u>"* (el subrayado es mío).

En Deuteronomio 32:10 dice: *"Lo halló en una tierra desolada, en la rugiente soledad del yermo. Lo protegió y lo cuidó; lo guardó <u>como a la niña de sus ojos</u>".*

Salmo 17:8: *"Cuídame como a <u>la niña de tus ojos</u>; escóndeme bajo la sombra de tus alas".*

Deuteronomio 23:5: *"Sin embargo, <u>por el amor</u> que el Señor tu Dios siente por ti, no quiso el Señor escuchar a Balán, y cambió la maldición en bendición".*

Juan 16:27: *"<u>El Padre mismo los ama</u> porque me han amado y han creído que yo he venido de parte de Dios".*

Salmo 139:

"Señor, tú me examinas,
tú me conoces.
Sabes cuándo me siento y cuándo me levanto;
aun a la distancia me lees el pensamiento.
Mis trajines y descansos los conoces;
todos mis caminos te son familiares.
No me llega aún la palabra a la lengua
cuando tú, Señor, ya la sabes toda.
Tu protección me envuelve por completo;
me cubres con la palma de tu mano.
Conocimiento tan maravilloso rebasa mi comprensión;
tan sublime es que no puedo entenderlo.
¿A dónde podría alejarme de tu Espíritu?
¿A dónde podría huir de tu presencia?
Si subiera al cielo,
allí estás tú;
si tendiera mi lecho en el fondo del abismo,
también estás allí.
Si me elevara sobre las alas del alba,
o me estableciera en los extremos del mar,
aun allí tu mano me guiaría,
¡me sostendría tu mano derecha!
Y si dijera: «Que me oculten las tinieblas;
que la luz se haga noche en torno mío»,
ni las tinieblas serían oscuras para ti,
y aun la noche sería clara como el día.
¡Lo mismo son para ti las tinieblas que la luz!
Tú creaste mis entrañas;
me formaste en el vientre de mi madre.
¡Te alabo porque soy una creación admirable!
¡Tus obras son maravillosas, y esto lo sé muy bien!
Mis huesos no te fueron desconocidos

cuando en lo más recóndito era yo formado,
cuando en lo más profundo de la tierra era yo entreteji-
do. Tus ojos vieron mi cuerpo en gestación:
todo estaba ya escrito en tu libro;
todos mis días se estaban diseñando, aunque no existía
uno solo de ellos.
¡Cuán preciosos, oh Dios, me son tus pensamientos!
¡Cuán inmensa es la suma de ellos!
Si me propusiera contarlos,
sumarían más que los granos de arena.
Y si terminara de hacerlo,
aún estaría a tu lado. (...) Examíname, oh Dios, y son-
dea mi corazón;
ponme a prueba y sondea mis pensamientos.
Fíjate si voy por mal camino,
y guíame por el camino eterno".

Cada día lea una porción de la Escritura y examine los atributos que Dios dice acerca de usted. A medida que dedica unos minutos todos los días a escuchar la perspectiva de Dios acerca de la vida, podrá quitarse ese anteojo opaco y disfrutar de la vida en la forma que fue diseñada para vivirse.

Entre usted y Dios, rescriba sus guiones. Vuelva a escribir la manera en que piensa. Regrabe la cinta en su cabeza.

La Biblia nos dice con claridad que debemos renovar nuestras mentes. El apóstol Pablo entendió la gran necesidad que tenemos de cambiar la cinta que llevamos en la cabeza; es por eso que declara en Romanos 12:2: *"No se amolden al mundo actual, sino sean transformados mediante la renovación de su mente. Así podrán comprobar cuál es la voluntad de Dios, buena, agradable y perfecta".*

Usted no tiene que caer en los mismos modelos destructivos en los que sus padres vivieron. Su futuro no está grabado en piedra. Dios puede cambiar el curso de su destino. Únase en fuerzas con el Señor, y dele la espalda a la destrucción. Cuando su mente le diga que no es digno, que es tonto, o gordo o menos que una persona, empiece a recitar lo que Dios dice acerca de usted. Reemplace las mentiras que Satanás le haría creer, con la verdad que Dios. Lea la Palabra de Dios. Escuche lo que Él dice sobre aquellos que lo aman y lo siguen.

A medida que comienza a escuchar y a absorber en su mente el diálogo interno de Dios, notará una gran transformación que toma lugar dentro de usted.

El final del pasaje de la Escritura que antes vimos es lo que me gustaría enfatizar a medida que juntos cerramos este capítulo. Éxodo 20:6 dice: *"... cuando me aman y cumplen mis mandamientos, les muestro mi amor por mil generaciones"*. Este es el deseo de Dios para usted y para todos los que caminan sobre la faz de la Tierra. Dios desea bendecir a cada persona por mil generaciones, a todos los que guardan sus mandamientos.

Permítasenos concluir este capítulo juntos, pidamos a Dios que lo ayude a renovar su mente. Si ora y le pide ayuda todos los días, Él será fiel. Y le ayudará. Si lee la Palabra de Dios, estudia sus atributos y estudia lo que Él dice acerca de usted, su mente empezará a ser transformada. Nunca será igual a lo que antes era, y verá las bendiciones de Dios en su vida como nunca lo imaginó posible.

Si no está seguro de cómo orar, este ejemplo podría ayudarle a tomar impulso.

"Querido Señor, quiero tener tu mente, tu perspectiva y tu percepción. Quiero tener tu corazón. Una vez más, te pido perdón. Sé que no he vivido una vida perfecta. Pero ahora mismo entrego mi corazón a ti. Quiero ser libre de todas las cadenas que me han mantenido atado a mí y quizás a mi familia, durante generaciones enteras. Quiero conocer tu amor por mí. Ayúdame a que vea la raíz de mi problema. Ayúdame a que entienda de dónde proviene toda esta locura. Trae restauración a esas heridas que no han tenido respuesta por años. A medida que has perdonado todo lo que he hecho, ayúdame a que sea libre de heridas pasadas, resentimientos y amarguras. Esos patrones dentro de mí, transmitidos por mis padres o no. Ayúdame a desarraigarlos de una vez por todas. No quiero pasar esta locura a mis hijos o las próximas generaciones. En lugar de eso, quiero empezar un proceso de bendición para mil generaciones, de aquellos que te aman y guardan tus mandamientos. Recibo todo lo que tienes para mí, y recibo tu poder para cambiar. Guíame, ayúdame y hazlo conmigo. En el nombre de Cristo, amén."

Capítulo 4

¡REINICIEMOS el SISTEMA!

¡Si yo tuviera un dólar por cada vez que mi computadora se ha quedado congelada, sería un multimillonario! ¿Usted también? El cursor pestañea pero no quiere moverse. La primera opción es oprimir el botón: "Escape". Pero el cursor sigue pestañeando. Entonces probamos otras combinaciones que hemos oído que funcionan para descongelar el helado computarizado. Aún así, nada funciona. Entonces, probamos con la más clásica de las fórmulas cibernéticas: oprimimos: "Ctrol", "Alt" y "Supr".

De repente, una gran sirena se activa acompañada de una señal de advertencia que aparece en el centro de la pantalla, que dice: "Si hace eso de nuevo, perderá todo lo que no ha salvado hasta ahora".

En otras palabras, parte del duro trabajo que hemos realizado hasta ese punto, se perderá. Todavía, nada funciona. Es como si la computadora ha decidido irse de vacaciones sin avisarnos. Las computadoras hacen eso de vez en cuando. Se saturan y deciden presentar la renuncia. Ninguna persuasión o combinación de botones la hará cambiar de opinión. Después de todo lo dicho y hecho, no queda otra opción. La única solución es tomar el cable con la esperanza de derretir ese bloque de hielo. ¡Desconectar la fuente de poder, contar hasta diez y reiniciar el sistema!

Muchas veces eso lo que necesitamos en la vida. Necesitamos reiniciar nuestro sistema. Necesitamos reiniciar nuestra familia. Necesitamos reiniciar nuestro matrimonio. Necesitamos reiniciar nuestro cuerpo, mente, alma y espíritu. Cuando reiniciamos nuestra alma con Dios, eso se llama nacer de nuevo. Es una renovación total de nuestro ser interior al conectarlo de nuevo con el que nos hizo: Dios. Cuando trabajamos junto al Señor, encontramos las áreas en la vida que necesitan ser transformadas. Él nos ayuda en el proceso a medida que reinicia nuestro sistema.

En 1991 mi mamá perdió a su marido debido al cáncer. Después de una lucha de seis meses, él falleció en noviembre de ese año. Mamá enviudó y comenzó a padecer una depresión. El vivir en una comunidad habitacional en la montaña era muy difícil, y después de perder a su esposo, esto se convirtió en la batalla de su vida.

Cayó más y más en depresión, y su adicción a la bebida creció cada día. Tenía poca esperanza de recuperarse y virtualmente ningún sistema de apoyo, ni de la familia.

Para ese tiempo mi esposa y yo estábamos viviendo en Centroamérica y encontrábamos todo un reto el permanecer en contacto con ella. Una noche mi mamá alcanzó el final de su cuerda.

Me llamó después de consumir una buena cantidad de vino y me dijo que no tenía razón para seguir viviendo. Me dijo:

–"Mi esposo murió y me convirtió en una viuda. Mis nietos ya no viven en este país. Veo a mi hijo una vez en varios años. No tengo trabajo. No tengo amigos. No tengo familia. No tengo razón por la cual vivir. Solo llamé para decir adiós".

El tiempo pasó. Luego, una tarde, su vecino la invitó a una fiesta. Después de algunos tragos, eventualmente, la fiesta terminó. Para entonces anocheció, y ella decidió regresar a su casa. El camino no estaba bien iluminado. No había luz de la Luna. No había luz en la calle. Todo estaba muy oscuro, a tal punto que no podía ver su mano frente a su rostro. Al subir el talud hacia el porche, tropezó y se fue de bruces sobre las rocas filosas que estaban en la base del corredor. La caída fue dura y causó una fractura en los huesos de su rostro y nariz. Sucedió tan rápido que no tuvo tiempo de levantar su mano para proteger su cara durante la caída.

Tambaleándose logró entrar a la casa. Llamó a una amiga cristiana quien le administró cuidados médicos y limpió sus lesiones. Su amiga le ofreció un consejo sencillo: "¿Por qué no le das a Dios una oportunidad y asistes a un estudio bíblico?"

Al día siguiente mi mamá decidió que tenía que hacer de Dios un socio si quería ordenar su vida. La visión más convincente que tuvo fue cuando miró su imagen en el espejo. Oró: "Dios, solo tú puedes ayudarme a ordenar mi vida... tendremos que hacerlo juntos".

Ese fue el momento más determinante de su vida.

Ella llegó al fondo y no tenía adónde ir. Sin Dios, su vida se hubiera autodestruido. Se parecía a ese cursor en la pantalla de la computadora, estaba completamente helada, desvalida e incapaz de ayudarse a sí misma. Llegó a la conclusión más importante de todas. Tenía que reiniciar su sistema.

En ese momento necesitaba desesperadamente a Dios. Necesitaba su abrazo soberano. Necesitaba que Él la sostuviera fuertemente en su regazo. Y a pesar de toda esa locura, Él estaba allí para ella. Era el único que podía conducirla a través de su oscuridad. Mi mamá necesitaba reiniciar su sistema.

Varios meses habían pasado y ciertas personas de una iglesia empezaron a visitarla. La invitaron a las reuniones. Fue durante ese tiempo que comenzó el proceso del reinicio. Empezó a leer la Biblia, a orar y más tarde a asistir regularmente a la iglesia. Meses después del episodio pudimos ver una diferencia notable en su conducta.

Todavía era pesimista, depresiva y por momentos, muy solitaria. Pero Dios le dio la fuerza para dejar de beber. Después de varios años se convirtió en una persona completamente diferente. Hasta este momento, no ha vuelto a tomar un trago.

Los años han pasado desde entonces y ha llegado a ser una persona totalmente diferente. Asiste regularmente a la iglesia y se ofrece como voluntaria para servir, a veces varios días a la semana. Mi madre se ha convertido en una cristiana excelente y un gran ejemplo como un ser humano que se preocupa por los demás. Casi han transcurrido diez años desde su dura lucha con la depresión y el alcoholismo.

Ella decidió asociarse con Dios. Juntos ganaron la batalla y han establecido un camino construido con las bendiciones del Señor. Hoy es una mujer de Dios, honrada y respetada por sus amigos y familiares, y estoy orgulloso de decir que es mi madre.

Es un perfecto ejemplo de alguien que fue capaz de reiniciar a su sistema y volver a empezar.

Renovar la mente

En el capítulo anterior hablamos acerca de la necesidad de renovar nuestra mente al reprogramar la cinta de grabación en nuestra cabeza. Ahí empieza el proceso de reinicio. La mejor manera de renovar nuestras mentes es leyendo la Biblia y aceptando lo que Dios dice acerca de nosotros.

A medida que comenzamos a pensar en nosotros mismos de la misma forma que Dios piensa, una transformación empezará a tener lugar en nuestro interior. Revalorizaremos los pensamientos que se encuentran en nuestra mente. Es por eso que la Biblia dice en 2 Corintios 10:5 *"Derribando argumentos y toda altivez que se levanta contra el conocimiento de Dios, y llevando cautivo todo pensamiento a la obediencia a Cristo"*.

Cada pensamiento en nuestras mentes debe estar sujeto a Cristo. Hay una guerra constante que se libra en nuestras mentes veinticuatro horas al día, y nosotros determinamos qué bando gana. ¿Escogeremos la destrucción, el camino que el enemigo quisiera que abracemos? ¿O escogeremos la vida, la opción de Dios para nuestro destino?

Cada pensamiento debe ponerse a la luz del plan y los valores de Dios con el fin de ser examinado por lo que es en verdad. Por consiguiente, el primer hábito para realizar el cambio es llenar nuestra mente con los pensamientos de Dios. Hacemos esto al leer la Biblia.

Pero odio leer

Cuando yo estaba en tercer grado de la escuela, mi maestro me envió al laboratorio de lectura –clase especial para niños con problemas de lectura–. Era un lector muy lento y no podía retener mucho de lo que leía. Recuerdo que tuve que aumentar el número de palabras que leía por minuto usando un *"teleprompter"* (una pantalla donde las palabras van apareciendo a cierto ritmo).

Solo aproximadamente dos o tres estudiantes en cada clase tenían que ir al laboratorio de lectura. Para decir poco, me sentía tonto y siempre era el peor alumno de la clase. Aún hoy, cuando tengo que leer algo en voz alta y en público, lo practico varias veces de antemano. Mi incapacidad para leer bien cuando era un niño se transformó en inseguridad cuando llegué a mi adolescencia y, por eso, odiaba leer.

Una de las personas más influyentes en los inicios de mi relación con el Señor me dijo con severidad:

–"¡Si tú quieres que Dios te cambie y haga grandes cosas a través de ti, debes leer su Palabra! Lee un capítulo todos los días y empieza con el libro de Juan".

Así que lo hice. Primero compré una traducción moderna de la Biblia y empecé a leer un capítulo todos los días. De repente encontré que lo que leía me resultaba muy interesante. Muchos días me encontré leyendo dos o tres capítulos. Después salté al Antiguo Testamento y empecé a leer las historias de David en 1 y 2 Samuel. Fui cautivado por las aventuras de este gran rey.

Pero el ser encantado por las maravillosas historias del Antiguo Testamento tuvo una implicación más grande. Después de tres o cuatro meses noté que leía con mucha mayor rapidez y, por supuesto, cubría más material en una cantidad más corta de tiempo.

No solo eso, sino que lograba una mejor comprensión de lectura. Empecé a renovar mi mente y reprogramar la cinta en mi cabeza. Aún más, mi comprensión mejoró grandemente.

Los modelos del pensamiento destructivos que una vez corrían alrededor en mi cabeza empezaron a ser reemplazados con lo que la Palabra de Dios dice. Mi autoestima empezó a asumir una nueva dimensión por completo. Adquirió un tono saludable en lugar de uno negativo. Mi perspectiva cambiaba y mis percepciones también.

Empecé a pensar en términos de disciplina en lugar de atolondramiento, compromiso en lugar de indiferencia, rectitud en lugar de maldad, amor en lugar de odio, fe en lugar de incertidumbre, relación en lugar de la animosidad, perdón en lugar de amargura, certeza en lugar de ansiedad y felicidad en lugar de depresión.

Por primera vez empecé a verme como un individuo creado por Dios y amado por Él. Me vi ya no como parte de una familia rota y con un historial plagado de problemas. Leer la Biblia me dio el cambio de corazón que necesitaba. Este era el reinicio que buscaba.

Pero más importante, me dio el avance más grande de todos: el leer la Biblia me permitió verme como Dios me ve.

Sin embargo, esto es solo el principio. El levantarse es una cosa, pero el ponerse en marcha es toda otra historia. A medida que comenzamos a leer la Palabra, también necesitamos tomar el siguiente paso: la oración.

Orar es como subirse a un escalador de gimnasio

Una vez que empezamos a entender lo que Dios dice acerca de nosotros y cómo nos habla a través de la Biblia, entonces podemos tomar el próximo paso en el proceso: hablarle a Dios.

La oración intimida a muchas personas. Algunos de nosotros no tenemos idea alguna de qué decirle al Creador del universo. En muchas formas es como hacer ejercicio en el gimnasio donde el peor momento para subirse a un escalador eléctrico es justamente... ¡la primera vez! Esto requiere resistencia y experiencia.

Si intentamos hacer ejercicio durante treinta minutos la primera vez que nos subimos al escalador, nos desalentaremos y probablemente nos rendiremos. Es una tarea aplastante. Por consiguiente, necesitamos empezar a un ritmo que podamos manejar.

El orar es parecido. Tenemos que ir subiendo hasta lograr un ritmo saludable.

Cuando estaba en la escuela secundaria iniciando mi recorrido espiritual, tenía un amigo que había avanzado espiritualmente más que yo. Él había comenzado su relación con Dios aproximadamente un año antes que yo. Una vez me invitó a su casa a jugar al billar. Yo estaba más que entusiasmado.

Nunca olvidaré cuando entré en esa inmensa casa de tres pisos que tenía un gimnasio completo, un *"spa"* bajo techo y un *"jacuzzi"*. La mesa de billar también podía convertirse en una mesa de ping-pong. Era un mundo de maravillas bajo techo ante los ojos de cualquier adolescente.

También tenían un equipo de sonido estéreo muy bueno con parlantes de barco –los que resisten un alto nivel de humedad– encima de la pileta de agua caliente. Después de jugar un par de mesas de billar, él dijo:

–"Démonos una zambullida en la pileta de agua caliente". Acepté sin dudar. Puso a sonar el álbum de Bob Dylan llamado: *"Salvados"* y empezamos a hablar sobre las cosas de Dios.

Él me contó cómo el Señor lo ayudó a ponerle fin a una vida de drogas. A la edad de once años ya fumaba marihuana regularmente. Se escondía dentro de los basureros de "Mc Donald´s" esperando que los empleados tiraran la comida desechada. Me dijo que una de las experiencias más pacíficas que alguna vez tuvo fue ir al cementerio con otro amigo. Los dos fumaron uno o dos cigarros de droga, se recostaron y escucharon a Led Zepelin. Me dijo que podía sentir paz entre los muertos.

Sus padres intentaron ayudarlo, pero él no respondía a ninguno de sus intentos. Finalmente lo enviaron a una casa de restauración de adictos. Después de un corto tiempo le pidieron que dejara la casa de recuperación. En un último esfuerzo, sus padres lo enviaron de California a Minnesota a un ministerio para jóvenes adolescentes que luchan contra las drogas. Fue allí que él tuvo un encuentro dinámico con el Señor. Aprendió la importancia de la oración y adquirió el hábito de leer la Biblia. El pastor lo guió en un entrenamiento espiritual disciplinado para sacar fuera toda la vieja basura que Satanás había sembrado en su mente. Empezaron a enseñarle cómo implementar nuevos hábitos en su vida, para que no cayera de nuevo en los viejos modelos de destrucción.

Poco después volvió al sur de California convertido en un nuevo hombre, de esto hacía seis meses. Ahora estábamos sentados en su pileta de agua caliente.

Después de contarme sobre cómo Dios lo ayudó a atravesar lo que la mayoría llamaría "algo imposible", se volvió a mí y me dijo:

–"Oye, ¿por qué no oramos por nuestra escuela secundaria?"

Fue como si el mundo se hubiera detenido y me hubiera quedado congelado en el tiempo. En dos segundos mi presión sanguínea se disparó a aproximadamente 150 sobre 95. Nunca había orado en voz alta antes, y menos delante de otra persona.

"¡Santo cielo! –pensé–. ¿Qué le digo al creador del universo? Él probablemente pensará que apesto cuando oro."

Sin embargo, otra voz me habló. "¿Sabes qué palabra debes orar? La que viene de la Palabra de Dios". Los versículos de la Biblia que había leído, de repente tomaron el control. Pensé: "Bueno, todo lo que Dios quiere de mí es que haga mi mejor intento". Así que dije:

–"Hagámoslo… ¡pero comienzas tú!"

Él oró con mucha convicción y entusiasmo. Levantó su voz y expresó una oración sumamente dinámica. Parecía conocer palabras preciosas que yo estaba seguro que le agradaban a Dios. Pidió a Dios que encaminara a las personas para encontrar la verdad, que rescatara a los que estaban perdidos y sin esperanza, que ayudara a los que sufrían, que salvara a quienes estaban al borde del suicidio y finalmente que provocara toda una revolución de conciencia de Dios en nuestra escuela secundaria.

Finalmente, era mi turno. Esperé un momento en silencio. Aproximadamente diez segundos pasaron y yo dije con una voz fuerte:

–"¡Sí! ¡Lo que él dijo, Señor!"

Era como subirse por primera vez en una cinta de correr o en un escalador eléctrico. Si no ha estado en un escalador eléctrico o si no ha hecho ejercicio por un tiempo, la primera vez puede ser agotador o inclusive doloroso. Pero de la misma forma en que mejoramos nuestra resistencia en una cinta de correr, también mejoramos nuestra paciencia espiritual cuando oramos y leemos la Biblia.

Y nada lo pondrá en forma más rápido, espiritualmente hablando, que leer su Biblia y orar diariamente. Para mí, la primera vez que oré fue tan intimidante que me alteró los nervios. Pero ¿sabe quién estaba más emocionado de oírme orar más que ningún otro? ¿Sabe quién apreció mi oración a pesar de ser paupérrima? Dios. Sí, Dios estaba orgulloso y muy contento de que yo tomara el tiempo para hablar con Él. Eso es lo que Dios más desea de nosotros. Él desea una relación. Una relación requiere comunicación entre las dos partes.

Nosotros lo escuchamos, y Él nos escucha. Nosotros lo entendemos a Él y comprendemos cómo se siente acerca de nosotros, y viceversa.

¡Oración a toda máquina!

Entre las muchas cosas maravillosas que suceden cuando oramos, dos aspectos fundamentales empiezan a tomar lugar. Dios responde nuestras oraciones y empezamos a ser cambiados como resultado de la oración.

Nosotros dirigimos reuniones públicas evangelísticas al aire libre llamadas "cruzadas". Hemos viajado a lo largo de Centroamérica, el Caribe y México y hemos visto innumerables milagros como sanidades, matrimonios restaurados y personas que son libres de todo tipo de adicción conocida por el hombre. Nunca olvidaré a una niña que pasó al frente pidiéndonos que oráramos por ella al final de la primera noche, en nuestra primera cruzada. Esto se dio en un pueblo muy pobre llamado Los Cuadros, en las afueras de San José, Costa Rica.

Vivian venía en compañía de su abuela. Tenía casi ocho años en ese momento y le faltaban tres costillas en su lado izquierdo. También tenía curvatura de la columna vertebral. Su abuela notó que ella caminaba con una ligera inclinación. Así que, temprano ese mismo día, la llevó a la clínica médica. El informe vino después del estudio de las radiografías: "Debemos operarla muy pronto. Si no lo hacemos, la niña llegará a ser una inválida".

Las palabras del médico fueron devastadoras, como cualquiera podría imaginar.

La familia no tenía dinero. Habitaban en un barrio muy pobre y en una casa muy humilde. Con poco o casi ningún ingreso, el operar a Vivian habría sido imposible.

Pero Dios es el Dios que convierte lo imposible en posible. Su abuela me explicó toda la situación. Respondí diciendo:

—"Si me permites, me gustaría orar por ti, Vivian".

Ella dijo sí con su cabeza. Después, dijo:

—"Gracias" y caminó de vuelta hacia su lugar en la parte de atrás del terreno. Hubo trescientas personas más que pidieron oración aquella noche. Así que por aproximadamente una hora muchos del equipo de nosotros oramos por ellos. Al final de la noche, cuando solo quedaban como treinta personas, sentí un tirón en mi chaqueta. Era Vivian. Me dijo:

—"Creo que el Señor me ha sanado!" Yo, como la mayoría de los adultos, era un poco más escéptico. Le respondí:

—"Bien, deberíamos hacer que un médico te revise".

Poco sabía yo en ese momento, pero el mismo médico que había examinado a Vivian esa mañana, también había venido a la cruzada aquella noche. Vivian lo señaló y dijo:

—"Ese hombre es un médico". Así que caminé hacia él y le dije:

—"Discúlpeme, pero esta niña visitó una clínica esta mañana". Su cara se iluminó mientras respondía.

—"Sí, la examiné esta mañana. A ella le faltan tres costillas en su lado izquierdo y tiene curvatura de la espina dorsal. Si no la operamos, quedará inválida".

Le expliqué lo que había ocurrido, cómo oramos por ella y cómo se sentía ahora. Le dije:

—"Ella dice que el Señor la ha sanado".

Él dijo: —"Bien, puedo examinarla ahora mismo, si quiere. Si ella está sana será totalmente obvio".

Así que le levantó su blusa y le pidió que se inclinara doblando su cintura. Suavemente, él movió sus dedos empezando en la parte superior de la espina dorsal, buscaba cualquier espacio vacío. Entonces, contó de dos en dos, desde el final del cuello hasta la parte baja de su columna. Me miró con ambas cejas alzadas. Dijo:

—"A la muchacha que entró en la clínica esta mañana definitivamente le hacían falta tres costillas y tenemos las radiografías para comprobarlo. Pero la niña que está de pie delante de nosotros tiene una columna vertebral perfecta y no le falta ninguna costilla. Supongo que Dios la debe haber sanado".

Cuando oramos, Dios responde. El Dios de quien la Biblia habla, es un Dios interactivo. Se relaciona con la humanidad. Contesta. Sana. Liberta. Salva. Y realiza milagros. Cuando empiece a orar por su vida y por la de otros, tome nota... verá cómo responde. Podría esperar que la respuesta venga de otra manera, pero al fin y al cabo Dios sí contesta y contesta las oraciones.

El segundo elemento que empieza a tomar forma como resultado de la oración tiene que ver con lo que nos ocurre a nosotros. Nuestros corazones empiezan a ser cambiados. A medida que nos acercamos a Dios a través de la oración, nos volvemos más como Él. Empezamos a asumir su carácter. Empezamos a abrazar sus atributos: su amor por otros, su preocupación para la seguridad de otros, su corazón por los pobres y su deseo de ayudarlos.

Todas estas cosas son repercusiones de la oración. Por consiguiente, la oración no solo nos conecta con un Dios interactivo que toca nuestras vidas en tiempos de necesidad, sino que nos pone en un camino divino que nos permite asumir los atributos de Dios. Pasar tiempo con Dios nos ayuda a enfocar nuestras vidas desenfocadas.

No importa quién sea usted ni cómo fue su pasado, la oración hará una diferencia definitiva en su vida. He oído decir: "La oración cambia las cosas". ¡Es cierto! Pero, lo más importante es que la oración lo cambia a usted.

Esto nos lleva a un tercer paso: la vida congregacional.

~

Estos días no tiene que ponerse su traje de domingo

Mucho ha cambiado alrededor del planeta desde que yo era un adolescente –y no soy tan viejo–. Cuando empecé mi relación con

Dios, el ir a la iglesia significaba que se tenía que vestir lo más elegantemente posible.

No obstante, he estado en iglesias donde los pantalones vaqueros a veces lucían tan ajustados, que la señorita que los llevaba puestos seguramente tuvo que saltar desde el techo para entrar en ellos. He estado en iglesias con personas limpias, personas que huelen mal, personas inteligentes, personas ignorantes, personas bien presentadas, personas muy mal vestidas. He visto todo lo que pueda imaginarse. Hay iglesias que tienen homosexuales, prostitutas, pandillas y personas que han fornicado. Lo que imagine, lo he visto. ¿Por qué encontramos todo tipo de personas que se dirigen a la iglesia? Porque reconocen que necesitan a Dios.

Además, la iglesia intenta implementar una simple verdad acerca del Evangelio: es que usted escuche el mensaje, pues usted es más importante que el paquete en que viene envuelto. Por consiguiente, ya no tenemos que ponernos nuestro traje de domingo para ir a la iglesia.

Puede cuestionarse: "¿Cuál es, entonces, el provecho de ir a la iglesia?" Esa es una gran pregunta que exige una gran respuesta. Hay algo acerca de estar en un edificio, oír un mensaje centrado en la Biblia y adorar a Dios junto con otras personas: que es grandioso para el alma. Además, es una de las ordenanzas de Dios. Éxodo 20:8 dice: *"Acuérdate del día de reposo para santificarlo"*. Hebreos 10:25 dice: *"No dejemos de congregarnos, como acostumbran a hacerlo algunos, sino animémonos unos a otros, y con mayor razón ahora que vemos que aquel día se acerca"*.

Aparte de ser una ordenanza de Dios, asistir a la iglesia proporciona comida para nuestra alma y una conexión con Él. Aún más, existen muchos otros beneficios que vienen como resultado de ir a la iglesia.

El 26 de junio de 1996 Claudia Wallis publicó un artículo en la revista *Time*, titulado *"Fe y sanidad"*. En dicho artículo explora las implicaciones de la oración y su efecto en las personas enfermas. Escribió:

«En 1995, un estudio hecho en el Centro Médico de Dartmouth-Hitchcock descubrió que uno de los mejores pronosticadores de supervivencia, entre doscientos treinta y dos pacientes a los que se les practicó cirugía de corazón, era el grado de consuelo y fuerza que dijeron deducir de su fe religiosa. Aquellos que no lo hacían tuvieron más de tres veces la tasa de muerte que quienes sí lo hicieron.

«Un estudio de treinta años de investigación acerca de la presión sanguínea mostró que los asistentes a la iglesia tienen la presión sanguínea más baja que los no asistentes –5 mm más baja–. Según Larson, esto se da incluso después de tomar en cuenta el haber fumado y otros factores de riesgo.

«Otros estudios han mostrado que los hombres y mujeres que asisten a la iglesia regularmente tienen la mitad del riesgo de morir de enfermedades coronario arteriales, que los que raramente van a la iglesia. De nuevo, el fumado y los factores socio económicos se tomaron en cuenta.

«En 1996, un estudio del Instituto Nacional de Envejecimiento con cuatro mil personas mayores que vivían en sus casas en Carolina del Norte, EE.UU., descubrió que los que asisten a servicios religiosos se deprimen menos y son físicamente más saludables que los que no asisten o que rinden culto en casa.

«También se hizo un estudio de treinta mujeres pacientes que se recuperaban de fracturas en una cadera. Las que consideraron a Dios como una fuente de fuerza y consuelo, y que asistían regularmente a servicios religiosos, al dárseles de alta pudieron caminar más y tenían tasas más bajas de depresión que las que tenían poca fe.

«Numerosos estudios han encontrado tasas más bajas de depresión y menos enfermedades relacionadas con la ansiedad entre los comprometidos religiosos. Se ha encontrado que los no asistentes a la iglesia padecen de una tasa de suicidio cuatro veces más alta que la de los asistentes habituales a la iglesia.»

Los hábitos que hemos mencionado, como leer la Biblia y cambiar la manera de pensar sobre la base en la Palabra, el orar y abrir las líneas de comunicación con Dios para que Él pueda interactuar y el asistir a un grupo local de personas que tienen una fe similar, son herramientas indispensables.

Ahora enfoquemos nuestra atención en cómo manejar las áreas que se han movido en espiral fuera de nuestro control. A mí me gusta llamarlo: "Enfocarnos en las áreas importantes".

Practique el sentido común

Permítame mostrarle algunas pistas útiles acerca de cómo evitar las áreas que lo han atrapado previamente. Su aliado más fuerte, además del propio Dios, es la sabiduría divina. La Biblia dice en Santiago 1:5: *"Si a alguno de ustedes le falta sabiduría, pídasela a Dios, y él se la dará, pues Dios da a todos generosamente sin menospreciar a nadie"*. También dice en Proverbios 14:1: *"La mujer sabia edifica su casa; la necia, con sus manos la destruye"*.

Por consiguiente, abrazar hábitos beneficiosos de la mano del sentido común nos ayudará a alejarnos de esas áreas destructivas, aún de amistades que nos traen abajo y otras relaciones dañinas.

Si usted tuviera una hija de diez años de edad y un hombre irrumpe en su casa para violarla, ¿no haría todo lo posible para protegerla? ¿No le lanzaría todo lo que encuentre y haría cualquier cosa necesaria para detener al intruso? ¿No llamaría a la policía? ¿No gritaría por ayuda? Por supuesto que lo haría. ¿Quién no? Por lo tanto, practique el sentido común.

Si hiciera todo lo posible para detener a alguien de dañar a su pequeña hija, entonces debe hacerlo con esas conductas y esas relaciones alocadas que destruyen su vida. Eso es sentido común.

Si ha luchado con una adicción, con un desorden, con una conducta abusiva o compulsiva, aquí hay algunos ejemplos de sentido común y práctico que le ayudarán en esos tiempos difíciles. Pero primero enfóquese conmigo por un momento en la diferencia entre hombres y mujeres en cuanto a cómo enfrentan la tentación.

No vea ni sienta el mal

Los hombres y las mujeres son diferentes en muchas maneras. Responden de una manera distinta cuando se les pregunta algo. Reaccionan de otra forma cuando son confrontados, instigados u ofendidos. Se conducen con conductas disímiles cuando están en público. Responden de diferente forma cuando son cuestionados. Y, por supuesto, reaccionan de diferente manera frente a una tentación.

También se comportan de distintas maneras cuando son estimulados. Cuando las mujeres son tentadas, internalizan la tentación y la meditan en sus emociones. Los hombres, en cambio, cuando son tentados se quedan callados como un león que se esconde en el alto pastizal mientras caza su presa.

Los varones son afectados por lo que ven. Las mujeres son afectadas por lo que sienten. Eso no significa, sin embargo, que las mujeres no son afectadas por lo que ven, ni que los hombres no son afectados por lo que sienten, sino que los hombres mayormente son estimulados a través de sus censores ópticos. Las mujeres, por otro lado, son estimuladas en la medida que sus sentimientos son despertados. Los hombres y las mujeres están ensamblados en forma distinta y, por lo tanto, se comportan de manera distinta.

Es por eso que muchos hombres luchan con la pornografía. Es un estímulo visual que se proyecta una y otra vez en la pantalla de sus mentes. Las mujeres luchan con emociones irresolutas que se enconan en sentimientos de impotencia y depresión, se encuentran batiendo una sopa emocional, saborean el aroma que tales emociones traen.

Si está dispuesto a aceptar estas verdades básicas sobre los hombres y mujeres, permítame ofrecer algunos consejos útiles que he visto funcionar en las vidas de miles las personas.

Por ejemplo, si es un hombre que ha luchado con la pornografía, no mire televisión a solas. Evite la entrada visual sensorial que lo ha afectado por años. Conozco un hombre que cada vez que llega a un hotel, la primera cosa que hace es cubrir la televisión con una toalla; evita mirar aún la misma pantalla. Elimine la fuente de su tentación desde sus raíces. A los hombres les diría: "¡Tengan cuidado con lo que miran!" Intente no ver el mal. Lo mismo podría decirse acerca de navegar en la Internet. Ponga filtros en su computadora y haga que alguien más le instale una contraseña para que se le haga difícil o casi imposible visitar esos sitios cuestionables en la red.

Si es una mujer que ha luchado con la amargura, el enojo o la depresión, intente no sentarse sola ni permitir que esas emociones se aniden dentro de su corazón. Desarrolle maneras saludables de sacarlas fuera. El llevar un diario es un gran método de limpiar el alma. Apunte sus emociones, cada una de ellas.

En mi caso a veces las escribo como una oración al Señor. Esto ayuda a vaciarlas de mi cabeza. Así, entonces, se sentirá aliviado de la presión que se ha formado dentro de usted. Las mujeres que llevan un diario de lo que sienten, tienden a ser más saludables y se cuidan mucho más que aquellas que no lo hacen. A las mujeres les diría: "Ubiquen sus emociones para que así puedan manejarlas. Traten de no sentir –o cultivar– el mal".

~

Unas pepitas de la abuela

El punto de lo que hablamos es que debemos practicar el sentido común y seguir los buenos consejos. No tengo idea si las abuelas son sabias, pero la mía pudo criar nueve niños por sí misma. En el camino, ella recogió muchas pepitas de sabiduría, como la mayoría de las abuelas lo hacen. Ella me dijo lo que debía comer, lo que era bueno para mí y a qué hora debía acostarme. Me llevó a una iglesia todos los domingos a la mañana. No entendía ni palabra porque la misa entera se daba en latín. Pero el punto era que ella era disciplinada en muchas áreas importantes de la vida. A pesar de que ya murió, todavía aplico sus consejos de muchas formas.

Los consejos son sencillos de seguir, pero requieren determinación. Si ha luchado con el alcoholismo, evite los establecimientos donde sirven licor. Intente beber agua o soda cuando asista a eventos sociales. Las burbujas le ayudarán a sentirse como si estuviera bebiendo algo más interesante que simplemente agua.

Si es un drogadicto, empiece a ser selectivo acerca de los amigos con quienes pasa tiempo. En la mayoría, si no en todos los casos, sería mejor cortar con toda relación que esté involucrada de alguna forma u otra con drogas.

Si es un adicto al trabajo, intente no llevar el trabajo a casa. Otórguese permiso para relajarse al final del día. Pase tiempo descansando y relajándose, e intente cerrar aquellas puertas relacionadas con el trabajo. De hecho, su cuerpo necesita recuperarse. Por lo tanto, no debe sentirse culpable por dormir ocho horas por la noche.

Si el materialismo lo lleva a gastar de más, permita que alguien más maneje sus finanzas. Asegúrese que esa persona sea responsable y fidedigna. También puede dejar su cartera o billetera en el automóvil al ir de compras en un centro comercial. Cuando sea tentado para hacer una compra, el caminar hacia el automóvil le dará tiempo extra para que el sentido común lo aconseje y el consejo surta efecto.

No puedo terminar sin dejar de enfatizar la importancia de comer bien y ejercitarse. La mayoría de las personas no alcanzan su potencial, simplemente porque no pueden controlar sus tentaciones culinarias. Probablemente un 30% de las personas en el mundo sufren sobrepeso riesgoso. Al parecer engordamos, y cada vez más. Esto causa un desequilibrio en nuestros sistemas que crea inmensos cambios de ánimo, bajones de energía y abundantes enfermedades. No hace falta decirlo, pero todo esto le cuesta dinero en facturas de médicos y tiempos depresivos. Después, sencillamente, surge el sentimiento de "necesito alejarme de todo esto".

Así que haga lo que su abuela le dijo que hiciera. Coma todos sus vegetales. Coma mucha fruta fresca. Intente alejarse de las comidas fritas. Las concentraciones altas de azúcar, la grasa, el colesterol, el sodio y los almidones simples pueden ser peligrosas. El administrar la manera en que come le ayudará a balancear su estado de ánimo. Si no se siente deprimido, entonces probablemente estará menos inclinado a llenar ese vacío en su vida con comida.

Si es alguien que come obsesivamente, racione sus comidas... "péselas" de antemano y ponga en cuarentena lo que no debe comer ahora... hasta el siguiente día en que vuelva a racionar sus porciones. Intente no ir de compras cuando tenga hambre. Cuando sea posible, planee en el camino la comida que va a comprar. Si se pone ansioso, sepárese de la comida durante esos tiempos de ansiedad. La mayoría de los que comen obsesivamente no lo hacen por hambre, sino por razones emocionales.

En 1 Corintios 6:19-20 leemos: *"¿Acaso no saben que su cuerpo es templo del Espíritu Santo, quien está en ustedes y al que han recibido de parte de Dios? Ustedes no son sus propios dueños; fueron comprados por un precio. Por tanto, honren con su cuerpo a Dios"*.

Imagine por un momento que sale y compra una nueva y brillante Ferrari roja. Tiene doce cilindros, es inyectada e importada directamente de Italia. El emblema –*il cavallino rampante*– viene en oro de veinticuatro quilates. Los asientos están hechos de cuero genuino. Las puertas se abren hacia arriba encima del vehículo. Tiene más de cuatrocientos caballos de fuerza y seis marchas. Digamos que pagó cerca de US$ 200.000.= por el automóvil. El seguro cuesta más de US$ 15.000.= por año, y ha instalado el famoso *"Lo-jack"*: el sistema de monitoreo antirrobo para autos.

Ama a su automóvil tanto que le ha colocado un sistema de seguridad adicional en el garaje, solo para asegurarse que está doblemente protegido. Cuando se sienta en el asiento del conductor, puede disfrutar ese olor a nuevo que produce el cuero. El panel no tiene ni una partícula del polvo. El sistema estereofónico es un *"Blapunk"* con ocho parlantes perfectamente posicionados para una audición óptima. Puede tocar CD, MP3's y tiene un enlace satelital con el cual puede escuchar más de ciento cincuenta estaciones de radio de cada estilo de música disponible. El asiento se ajusta para calzar con su espalda. Parece sostenerlo en sus brazos lumbares. Se dice a sí mismo: "Este automóvil se hizo justo para mí".

En el primer mes parece como si lavara y encerara el automóvil todos los días. Le cambia el aceite, el filtro de aceite y el filtro de aire una vez por semana. No permite a nadie que fume o coma se acerque a más de cien metros del vehículo. Las personas tienen que quitarse sus zapatos solo para sentarse en él.

Con el tiempo, algo empieza a cambiar. Deja de cambiarle el aceite una vez por semana. Deja de lavarlo todos los días. Eventualmente, deja de comprar el combustible de más alto octanaje. El lavar el auto se vuelve una cosa del pasado. Le empieza a poner gasolina regular, sin plomo. Deja de sacarlo a dar una vuelta. Hasta que finalmente decide que no quiere gastar ni un minuto más yendo a la estación de gasolina. Mejor aún, toma un recipiente al que le cabe cuarenta y cinco litros y le echa un poco de café, alcohol y un poco de azúcar, lo mezcla todo y lo introduce en el tanque de gasolina. Si aún así el automóvil enciende, lo más probable es que no pueda sacarlo del garaje. Sacarlo andando sería un milagro. El automóvil no echará a andar, habrá perdido su funcionalidad.

Piense en esto por un momento. Tiene el vehículo más rápido y seductor del planeta y le echa azúcar y café en el tanque. Podría decir: "¿Quién en el mundo haría eso?" ¡Nadie haría eso! Nadie en su mente cabal haría tal cosa... ¡excepto cuando se trata de nuestros cuerpos! En ese caso, la mayoría de las personas trata a sus cuerpos de esa manera: vierten cientos de kilos de azúcar y grasa en ellos.

El cuerpo humano y la mente humana son superiores a cualquier creación que el hombre haya fabricado. El cuerpo es la creación arquitectónica más fina que Dios ha diseñado. Aun así, tratamos esa maravilla estructural como si fuera un basurero. Ayer leí una estadística interesante. Los estadounidenses comen más de setenta kilos de azúcar al año. Eso es dos veces más de lo que nuestros abuelos consumían. Parecemos estar descargando kilos de grasa, azúcar y toxinas en nuestros cuerpos, mensualmente. Nunca los ejercitamos, nunca los sacamos a dar una vuelta, nunca limpiamos sus válvulas. En la mayoría de los casos, el mayor ejercicio que hacemos es ir del sillón al refrigerador y de vuelta al sillón para comer más basura.

El punto aquí está claro. Cuide su cuerpo mejor que lo que cuidaría una Ferrari nueva. Vale mucho más. Va a trabajar mejor, pensar mejor, durar más y producir más que una Ferrari cualquier día de la semana, con solo tratarlo bien. Al hacerlo, notará que las batallas que encara en cada frente son mucho más fáciles de afrontar. Podría preguntarse: "Entonces, ¿ahora qué hago?"

Esto es lo que yo sugeriría. Primero, encuentre un peso que el médico –y no sus amigos– dice ser el adecuado para usted. No dependa de sus amigos íntimos para decirle si setenta o ciento diez kilos representan el peso ideal. Pregúntele a un médico, y consiga una opinión objetiva. Tenga esa meta.

Entonces empiece a ejercitarse, por lo menos cinco veces por semana en segmentos de treinta minutos. Empezaría con una caminata rápida y, cuando sea posible, pasaría a una rutina de caminata y carrera a ritmo lento. De lunes a viernes me ejercito por treinta y cinco minutos caminando y corriendo en intervalos de un minuto y cuarenta y cinco segundos. Esta rutina me ha funcionado bien. También, sugeriría alzar pesas por aproximadamente quince a veinte minutos, de lunes a viernes.

Segundo, todos los días bebo aproximadamente más de dos litros de agua filtrada. La leche descremada es una excelente fuente de balance entre los carbohidratos y la proteína. Bebo como tres vasos al día. Trato de alejarme de los refrescos gaseosos y de los productos con cafeína. De vez en cuando tomo una taza de café, pero intento no hacer de esto un hábito.

Finalmente, me alejo de los almidones simples. Intento comer tanta fruta fresca y verduras como me sea posible, sobre todo brócoli y coliflor. Las comidas fritas deben volverse una cosa del pasado, así como los productos altos en grasa saturada. En cuanto a proteínas, como aproximadamente seis claras de huevo cada día para el desayuno y doscientos gramos de pollo hervido para la cena. Podría comer un atún enlatado como almuerzo.

Si usted practica una dieta similar, se sentirá mucho mejor y tendrá mucha más energía que la que antes tenía.

Sueñe y póngalo en práctica. ¡Todo esto es posible!

Imagine una vida donde se despierta en la mañana y siente que ha dormido ocho horas y media sin interrupciones. No se siente deshidratado ni de goma. Se siente refrescado. Se levanta emocionado para enfrentar su día. Se mira en el espejo y le gusta lo que ve. Se dice a sí mismo: "Dios me ama y he sido tan privilegiado de poder vivir la vida que vivo. No cambiaría mi vida por la de nadie más, ni por todo el dinero en el mundo. Dios está contento conmigo".

Para que pueda decir eso, usted necesita tener paz y estar en paz. Necesita estar en paz con usted mismo y con Dios.

He viajado por todo el mundo y puedo decirle lo que la humanidad busca. La gente quiere paz. Quiere armonía. Más que todo, necesita una conexión divina con Dios. Usted busca lo que más de seis mil millones de personas en este mundo buscan. Y va a encontrarlo haciendo todo lo que hablamos en las páginas anteriores.

A medida que lee la Palabra de Dios, esta empieza a fijarse en su mente. Así reprograma la cinta en su mente y empieza a ver las cosas desde la perspectiva de Dios. Aún más, empieza a adquirir la percepción de Dios.

Y como está en la búsqueda de la paz de Dios, toma un paso adicional. Empieza a dialogar con Él diariamente. Esto es lo que llamamos la oración. En cualquier relación, la comunicación es la piedra angular. La oración es nuestra manera de comunicarnos con Dios y fortalecer nuestra relación con Él.

Nos unimos entonces a un cuerpo local de creyentes. Esto actúa como una manera de alimentar nuestra alma y poder unirnos a otros que tienen la misma fe. Además, el asistir activamente a una iglesia local tiene implicaciones mayores que afectan toda nuestra vida y salud. Como hemos visto, los estudios han demostrado que las personas que tienen fe en Dios y asisten a una iglesia local regularmente, son más propicias a disfrutar vidas saludables y florecientes.

Para concluir, no menosprecie la importancia de cuidar bien su cuerpo. Es el único que tiene y en esta vida solo le dan uno. Trátelo mejor que a una casa o automóvil nuevo. Si tiene buen cuidado de su cuerpo, este tendrá buen cuidado de usted.

Para este momento, creo que ha captado los buenos hábitos que he intentado transmitir. He acabado casi todos los capítulos con una oración de cierre. Lo hago en caso de que usted nunca haya orado y necesite una guía. Esto es lo que le dejo mientras intenta uno de los pasos más difíciles: implementar buenos hábitos y remplazar los hábitos destructivos.

"Señor, te agradezco por otro día de vida. Reconozco que sin ti no puedo vivir. Jesús, tú eres la fuente de vida y te pido la oportunidad de comenzar de nuevo mi sistema. Necesito reiniciar mi vida. Quiero nacer de nuevo. Perdóname por cualquier pecado escondido o expuesto. Te recibo como mi Señor y Salvador. Ayúdame a leer tu Palabra. Muéstrame nuevas enseñanzas y ayúdame a entenderlas. Pon personas en mi vida que me ayuden a entender tu Palabra como debe ser entendida. Te pido que me ayudes a orar. Ayúdame a acudir siempre a ti en mi tiempo de necesidad; que abra las líneas de comunicación para que no me hunda en depresión o soledad.

Guíame a una iglesia y ayúdame a involucrarme para que pueda aprender más sobre ti y así establecer relaciones significativas. Ayúdame a alejarme de las relaciones que son destructivas y dañinas para mí. Finalmente, te pido que me alejes de la tentación. Libérame de las cosas que son incitadoras y dañinas. Sobre todo, Señor, líbrame del mal. Pido estas cosas en el nombre de Cristo, amén."

Capítulo 5

DEJE QUE LOS MUERTOS entierren A SUS MUERTOS

Cuando yo tenía como seis años de edad, mi mamá me llevó a comprar helados. Eran como las 19:00 en una preciosa noche de verano del sur de California. ¡Estaba tan entusiasmado! No hay nada mejor que cuando uno de nuestros padres nos dicen: "Ven, vamos a comprar un helado". Recuerdo que nos subíamos al automóvil y nos estacionábamos en una tienda llamada *"Savon"* en el extremo oriental del Valle de San Fernando.

Mi mamá estacionó su "escarabajo" Volkswagen del año 1969 y comenzó a escarbar dentro de su bolso de cuero estilo *hippy*; buscaba unos treinta centavos. En esos días, eso era todo lo que costaban dos conos de helado doble. Me envió a la tienda con el dinero mientras yo repetía una y otra vez en mi mente la combinación de sabores de helado que ella deseaba. Quería demostrarle que podía pagar por su helado y escoger los sabores correctos. "Ya soy un muchacho grande –pensé– y puedo hacerlo".

El empleado se apoyó encima del mostrador de vidrio que almacenaba y refrigeraba los helados y dijo:

–"¿Puedo ayudarte?"

Le dije: –"Sí, deseo un cono de chocolate y menta y otro de pistacho y café". –"¿Eso es todo?" –me preguntó.

–"Eso es todo" –le contesté.

Esperé pacientemente por ambos conos. Sabía que tenía que pagar y quería darme prisa para llegar al automóvil por temor a que los helados empezaran a derretirse. Le entregué una moneda de 25 y otra de 5 centavos. Me dio los dos conos e inmediatamente pisé la alfombra de hule que abría la puerta eléctrica del establecimiento.

Por supuesto, como todo niño, no podía esperar a saborear mi helado. Así que, mientras caminaba por el estacionamiento, cometí un grave error. Empecé a comer mi helado, pero es difícil hacer varias cosas a la vez, sobre todo si se trata de caminar, comer helado y balancear el helado de mamá en una posición derecha. Mientras yo esculpía mi cono en la forma de un torbellino, no noté que el helado de mi mamá estaba inclinándose hacia la izquierda en un ángulo de cuarenta y cinco grados. Cuando finalmente comprendí lo que ocurría, la torre inclinada de Pisa empezó a derrumbarse. El helado cayó en cámara lenta del cono azucarado, se volcó por entero, hasta que finalmente quedó tendido en medio del estacionamiento. Quizás las palabras "charco de grasa" serían una mejor manera de describir dónde encontró su sentencia el helado de mamá.

Ahora, tenga presente que para un niño de seis años de edad, ese helado en el suelo es tan bueno como el que todavía permanecía en el cono. Como yo era un buen muchacho, me incliné, "limpié" un poco el helado, lo coloqué de nuevo en el cono y seguí caminando hacia el automóvil. Mi mamá se veía muy entusiasmada al ver sus sabores favoritos que sobresalían por encima de un cono azucarado grande.

Me dijo: –"¡Lo hiciste!"

Brillé con orgullo y me introduje en el asiento de atrás. Mamá empezó a saborear el suyo en el asiento delantero. Después de la segunda lengüetada, la miré a través del espejo retrovisor. La noté sacándose algo de su lengua. Con una mirada de alarma en su rostro murmuró para sí: "¡¿Qué?!... ¿qué es esto? ¡¿Esto es vidrio?!"

Después de sacarlo de su lengua, lo escupió calladamente en una servilleta. En la próxima probada, sus cejas se fruncieron severamente cuando dijo:

–"¡Hay un pelo en mi boca!... Este helado sabe como aceite de motor." Finalmente me preguntó:

–"Jason, ¿le pasó algo a mi helado?"

–"No... tu helado está bien" –le respondí–.

–"Entonces... –me dijo– ¿por qué sabe como aceite quemado? Jason, ¿dejaste caer mi helado?"

Le respondí indiferentemente:

–"Sí... pero lo recogí y lo puse en el cono para que pudieras comértelo."

En ese momento mi mamá tenía que tomar una decisión muy importante. Podía abrirse a sentimientos de enojo o podía perdonar a su hijo. Hasta este día nos reímos sobre mi deseo de esconder un error. Si ese helado hubiera caído en algo tóxico, la historia podría haber acabado muy de otra manera. Imagine si ese vidrio roto se hubiera incrustado en su garganta. Ella pudo haberse herido seriamente y me lo podría haber reclamado durante años. Pero no lo hizo.

Mi mamá escogió perdonarme. No permitió que el Sol bajara sobre su enojo. No cargó un rencor. Decidió dejarlo ir. Muchas personas podrían haber explotado en ira frente a sus niños por hacer algo tan desquiciado. Aun así, mi mamá escogió el camino más elevado.

Ciérrele la puerta a Satanás

La Biblia dice en Efesios 4:26-27: *"Si se enojan, no pequen. No dejen que el sol se ponga estando aún enojados, ni den cabida al diablo"*. Algo sucede dentro de nosotros cuando no soltamos nuestro enojo y no perdonamos a quienes nos han herido. Si nos vamos a dormir –si permitimos que el Sol descienda mientras todavía estamos enfadados– quizá olvidamos lo que pasó, pero no perdonamos lo que pasó. Y al día siguiente podríamos sentirnos refrescados. Podría ser que no estuviéramos enfadados en absoluto, hasta el momento en que nos recuerden nuestra herida emocional. Sin embargo, el enojo se ha inmiscuido dentro de nosotros y continúa creciendo como un hongo. Cuando nos recuerdan lo que pasó, es como si una costra fuera rasgada y la herida fuera expuesta una vez más.

Una persona que no puede perdonar se vuelve negativa y pesimista. Él o ella encuentra difícil confiar en otros, y le es casi imposible vivir una vida significativa, llena de alegría.

Esa es la razón por la cual la Biblia dice: *"Ni deis lugar al diablo"*. No le dé ni un área de su vida. No se enfade. Porque el vivir en enojo solo lo destruirá y le permitirá a Satanás tener dominio sobre su vida.

El enojo que vemos en el Medio Oriente, por ejemplo, es alimentado por el odio causado por heridas. Estas heridas se infligieron a lo largo de los siglos y empezaron hace miles de años. Aún así, por varios milenios esa parte del mundo ha permitido que el Sol descienda mientras ellos están sumamente enfadados. Dicho sencillamente, debido a la falta de perdón en ambos lados, sufren hasta el momento. El perdón es la única solución para los conflictos mundiales que vemos hoy.

El perdón no es algo a lo que la mayoría de la sociedad le presta atención. Es un tema pasado por alto en nuestros días. Jesús entendió el poder del perdón, y enseñó que perdonar a otros es completamente indispensable para la vida diaria. Enseñó que ser perdonado está directamente relacionado conque perdonemos a otros. Por eso, en Lucas 11:2-4 enseñó a sus discípulos una oración famosa usada por centenares de millones de personas.

"*Él les dijo: –Cuando oren, digan: 'Padre, santificado sea tu nombre. Venga tu reino. Danos cada día nuestro pan cotidiano. Perdónanos nuestros pecados, porque también nosotros perdonamos a todos los que nos ofenden. Y no nos metas en tentación'*".

Esta oración es conocida como "El Padre Nuestro". En las iglesias cristianas, alrededor del mundo, estas palabras se repiten continuamente. ¿Por qué? Porque contienen los elementos necesarios para una buena oración. Contienen adoración, la búsqueda de la voluntad de Dios y el pedir por nuestras necesidades básicas. Cuando se trata del tema del perdón es ahí que Jesús enfatiza la necesidad de que pidamos perdón todos los días. Debe ser una parte normal de nuestra vida. Unida a esa noción está el concepto de perdonar a otros. Con gran frecuencia oímos hablar de la importancia de pedirle perdón a Dios. Sin embargo, raramente oímos alguna enseñanza acerca de perdonar a las demás.

Jesús dice en el versículo cuatro: "*Perdónanos nuestros pecados*". Aquí usa tres palabras que dan énfasis a nuestra necesidad de pedirle a Dios que nos perdone. Estas tres palabras son seguidas por una coma, y una declaración: "*porque también nosotros perdonamos a todos los que nos ofenden*". No le pedimos a Dios que perdone los pecados de otras personas contra nosotros. Esa no es una petición. Es una declaración. Cuando oramos, le pedimos perdón a Dios, porque también estamos activamente perdonando a otros.

¿Cuántas veces?

El acto de perdón es primordial en nuestra relación con Dios. ¿Por qué? Porque Él nos perdonó. El sistema entero de nuestra relación con Dios está basado en el perdón. Este es el cuadro general:

para que haya armonía en el sistema de vida de Dios, el perdón tiene que ser el idioma internacional y el común denominador que todos hablemos y entendamos. Si el perdón solo es llevado a cabo por un pequeño porcentaje de personas en el mundo, entonces todo el sistema se caerá.

Dios lo inició. Él dijo: "Perdonaré al hombre de todo lo que ha hecho: inmoralidad sexual –adulterio y fornicación– inmundicia, lascivia, idolatría, hechicerías, enemistades, pleitos, celos, iras, contiendas, disensiones, herejías, envidias, borracheras y orgías". Dios tiene perdón para todos estos actos. La única condición –aparte de pedirle perdón a Dios– es que perdonemos a otros de la misma manera que Él nos perdonó.

Y si nos preguntamos cuántas veces hemos de perdonar, Jesús lo deja bien claro. Para Él, el número no es tan importante, como sí lo es la actitud que tengamos continuamente de extender perdón a otros. Mateo 18:21-35 dice:

"Pedro se acercó a Jesús y le preguntó: –'Señor, ¿cuántas veces tengo que perdonar a mi hermano que peca contra mí? ¿Hasta siete veces?'

–'No te digo que hasta siete veces, sino hasta setenta y siete veces' –le contestó Jesús. Por eso el reino de los cielos se parece a un rey que quiso ajustar cuentas con sus siervos. Al comenzar a hacerlo, se le presentó uno que le debía miles y miles de monedas de oro. Como no tenía con qué pagar, el señor mandó que lo vendieran a él, a su esposa y a sus hijos, y todo lo que tenía, para así saldar la deuda.

El siervo se postró delante de él. 'Tenga paciencia conmigo –le rogó– y se lo pagaré todo'. El señor se compadeció de su siervo, le perdonó la deuda y lo dejó en libertad.

Al salir, aquel siervo se encontró con uno de sus compañeros que le debía cien monedas de plata. Lo agarró por el cuello y comenzó a estrangularlo. '¡Págame lo que me debes!' le exigió.

Su compañero se postró delante de él. 'Ten paciencia conmigo –le rogó– y te lo pagaré'. Pero él se negó. Más bien fue y lo hizo meter en la cárcel hasta que pagara la deuda. Cuando los demás siervos vieron lo ocurrido, se entristecieron mucho y fueron a contarle a su señor todo lo que había sucedido. Entonces el señor mandó llamar al siervo. '¡Siervo malvado! –le increpó–. Te perdoné toda aquella deuda porque me lo suplicaste. ¿No debías tú también haberte compadecido de tu compañero, así como yo me compadecí de ti?' Y enojado, su señor lo entregó a los carceleros para que lo torturaran hasta que pagara todo lo que debía.

Así también mi Padre celestial los tratará a ustedes, a menos que cada uno perdone de corazón a su hermano."

Antes de continuar es importante mencionar brevemente que si usted está en una situación de peligro emocional o físico, necesita protegerse a sí mismo y alejarse de la fuente de peligro. Puede perdonar a alguien sin continuar en una relación perjudicial con esa persona o personas. Simplemente porque perdonamos a alguien no significa que continuemos permitiéndole que nos inflija dolor. Debemos alejarnos de la situación o encontrar un remedio que nos proporcione solaz y seguridad.

Tráiganme el cheque

A la mayoría de nosotros nos gusta la idea de ser perdonados. Sobre todo cuando se trata de deudas. ¿No sería grandioso si usted recibiera una carta de VISA que dijera: "Todas sus cuentas están pagas. No debe ni un centavo"? Eso sería histórico. La noción de ser libre de todo cargo sería grandiosa. Esa es la razón de por qué el perdón de pecados es tan importante para el espíritu y el alma.

Hace unos años yo llegaba aproximadamente una hora más temprano a una cita que tenía programada. Así que decidí salirme de la autopista y esperar en un estacionamiento de uno de los centros comerciales del sur de California. Muy pronto, me quedé dormido. Varias horas pasaron, y ya eran las dos de la tarde. Cuando me desperté, estaba completamente desorientado. Perdí mi cita. Tropecé fuera del automóvil y me dirigí por el estacionamiento a un restaurante llamado Bennigan´s.

La amistosa mesera me saludó a la puerta y me preguntó cuántas personas me acompañaban. Sin estar todavía suficientemente despierto, miré sobre mi hombro y como no vi a nadie más le dije: "Solo uno, supongo". Ella me ubicó en una mesa cerca de una ventana y me dio un menú. La luz del sol brilló fuertemente, lo que me obligó a cerrar mis ojos por un minuto o dos. Después de todo, había estado dormido por varias horas y mis ojos no se habían ajustado todavía a la claridad.

Alejando mi cabeza de la ventana, abrí el menú y busqué el plato que tenía la mayor cantidad de comida. Solo buscaba volumen. Es innecesario decir que estaba hambriento. Cuando la mesera vino a tomar mi orden, le pregunté cuál era el plato más grande de comida que tenían. Me respondió:

–"Debe pedir la tortilla con carne, pollo y ensalada de carne de cerdo".

Le dije: –"Lo tomaré".

Así que pedí una Coca Cola grande y esperé ansiosamente por mi manjar.

Unos pocos minutos pasaron cuando ella emergió de las puertas de la cocina trayendo la creación culinaria más preciosa que había visto en algún tiempo. Se parecía a una humeante montaña de carne y pollo colocada sobre una cama de lechuga y frijoles refritos. En la base del volcán había una espesa capa de natilla. Todo descansaba en un enorme nido: la tortilla más grande que jamás había visto. Y para mejorarlo aún más, le habían salpicado queso *cheddar* y *mozzarella* que cubría la carne como la nieve cubre a los montañas Rocallosas en febrero.

Le agradecí al Señor por la comida y empecé mi labor. ¡Qué deleite era aquel! Como normalmente ocurre en la mayoría de los restaurantes, la camarera volvió aproximadamente cinco minutos después de empezada mi aventura y me preguntó si necesitaba algo más. Le respondí que todo estaba bien. Cuando se alejó, pensé por un momento en que tenía todo lo que necesitaba.

Eso fue, hasta que recordé que no traía dinero conmigo. Fue como si me despertara en ese momento y comprendí que estaba completamente en bancarrota. No tenía ninguna tarjeta de crédito conmigo, ningún dinero en efectivo y, en esos días, nadie tenía teléfonos celulares.

Cuando era un adolescente, recuerdo haber trabajado en un restaurante. Una vez, una pareja consumió y no podía pagar la factura. Así que el gerente los puso bajo "arresto ciudadano".

A medida que estaba ahí sentado sin dinero, los pensamientos empezaron a correr a través de mi cabeza. Pensé: "Esta camarera me va a arrestar a mí también." A pesar de que estaba distraído pensando en cómo iba a pagar la factura, todavía continué comiendo. ¿No es irónico? Sabemos que estamos en problemas y todavía seguimos haciendo las cosas que nos empujan hacia el problema. Cuando había terminado aproximadamente el 75% de la comida, me sentí estupefacto. De repente, miré hacia abajo y descubrí algo... Pensé: "Eso no se ve bien. Eso no debería estar allí". Definitivamente se destacaba. Allí estaba encima de uno de los pedazos de lechuga... era un pequeño pelo.

En ese momento la camarera volvió y dijo:

–"¿Cómo está todo?"

Le contesté: –"Todo está excelente. Salvo por el hecho de que hay un diminuto pelo aquí", mientras apuntaba hacia él.

¡Me miró con gran horror en sus ojos y dijo:

–"¡Oh, Dios mío! ¡Eso es terrible! Me encargaré de esto enseguida!"

Agarró el plato y caminó aprisa a través de las puertas de la cocina. Oí algunos gritos de su parte y finalmente un plato cayó de golpe sobre una de las repisas de la cocina. Después de aproximadamente tres minutos, reapareció y me dijo:

–"Lo siento mucho. Realmente queremos reponerle esto. ¿Qué desea en lugar de su carne, pollo y ensalada de la carne de cerdo?"

Para ese momento ya había comido la mayor parte de mi comida y realmente no tenía hambre. Así que la miré y le dije:

–"La verdad es que ya no tengo apetito."

–"¿Está seguro?" –me preguntó.

–"Seguro" –le dije.

Se dio media vuelta y caminó hacia la cocina. Cinco largos minutos pasaron. Cuando ella emergió dijo:

–"Bien señor, por semejante cosa deshonrosa, hemos decidido eliminar su cuenta."

Dije: –"¿Discúlpeme?"

Ella dijo: –"El restaurante ha decidido cubrir el costo de su comida".

Le dije: –"¡No! ¡No! Eso no es necesario. Insisto en pagar". ¡Como si tuviera margen de negociación!

Ella dijo: –"Señor, lo siento, pero el gerente ya borró su cuenta. Usted no puede pagar la factura, porque el restaurante ya lo ha pagado. Aún si quisiera pagar, sería imposible. Además, dejaría a nuestro sistema de contabilidad en un peor enredo. Una vez que una cuenta ha sido pagada, no puede volverse a pagar".

Mi cuenta había sido pagada. Mi deuda había sido perdonada. El restaurante me había liberado de toda cuenta. Yo salí del restaurante como un hombre libre.

Cuando Jesús nos perdona de nuestros pecados, eso es exactamente lo que quiere decir ser libre. Él pagó una deuda en nuestra vida que no somos capaces de pagar. Solo Jesús puede liberarnos de la cuenta.

Por consiguiente, si usted nunca le ha pedido perdón al Señor, ahora es el momento perfecto para hacerlo. Imagine toda la carga que lleva y que es quitada de repente, fuera de sus hombros. Imagine la carga que ha llevado durante años... si Jesús la quita no volverá a oprimirlo. Pedirle perdón a Dios es sencillo y se sorprenderá cómo se siente después que todas sus cuentas y pecados han sido pagados por el Señor.

Corte los lazos y siga adelante

El sentido de ser perdonado es un gran sentimiento. Es algo que amamos experimentar. Pero cuando se trata de perdonar a otros, ese es un reto completamente diferente.

¿Ha estado pescando usted alguna vez en un lago o río donde se le atoró un anzuelo? Tira y tira de la línea. La mueve de arriba abajo. Nada funciona. Si el anzuelo quedó atrapado en el fondo, su única solución es cortar el sedal. Si no lo hace, podría gastar el día entero intentando desenganchar la línea y perder todo el día en la batalla.

Lo mismo es cierto acerca de nuestras vidas. Cuando no perdonamos a otros, estamos atados a ellos, como nuestra línea de pesca enganchada en algo del fondo del lago. No importa si nos cuesta olvidarnos, separarnos o distraernos, simplemente metemos el gancho más profundo en la herida. Intentar olvidarse de eso es simplemente vivir en negación. Eventualmente, la herida se infecta peligrosamente. Muchas veces pensamos que nuestras heridas se han sanado. Pero cuando recordamos a la persona que nos hirió, es como si solo una costra fuera quitada. Descubre la misma herida e infección que teníamos antes. En muchos casos, está peor que antes. Obviamente, ha tenido tiempo para agravarse.

Después de una cruzada en marzo de 2003, me reuní con los ujieres que me pidieron que orara individualmente por ellos. Estaba más que contento de hacerlo, ya que habían servido fielmente durante una semana ayudando a miles en su comunidad durante el evento. Cuando nuestro equipo estaba guardando el sonido y los sistemas de iluminación, empecé a preguntarle a cada ujier cómo podía orar específicamente por él. Estaba oscuro en nuestra carpa, la que tiene capacidad para aproximadamente cinco mil personas.

Me moví a través de la fila y llegué a una mujer que tenía sus ojos cerrados. En cuanto estuve delante de ella, chilló fuertemente, dio un grito que hacía que a uno se le helara la sangre. Mi corazón se detuvo. Con sus ojos cerrados me tiró un golpe y gritó:

—"¡No permitan que el maldito me toque! —Y cayó a tierra cubriendo sus orejas y gritando:– ¡No! ¡No!"

Fue cargada por varios ujieres y llevada a otra parte, donde podíamos asistir adecuadamente a sus necesidades. Cuando finalmente recobró sus sentidos, nos confesó su vida.

Su padre la había metido en la prostitución, desde niña. Vivió una vida de drogas y abuso en una comunidad marginada, y aprendió a odiar a los hombres. Había sido violada innumerables veces. Dos semanas antes de la cruzada, visitó una iglesia. El pastor anunció que iban a tener un evento y que necesitaban obreros. Así que levantó su mano como voluntaria. Aunque se ofreció como ujier, nunca le había pedido perdón al Señor, nunca había hecho un compromiso de vida con Él y, obviamente, nunca había perdonado a los que la habían herido. Todas las heridas, abuso y daño emocional la llevaron a entregar su vida al odio y a la amargura. Finalmente, Satanás había tomado partes de su vida y voluntad.

Cuando empezó a ayudar en la cruzada fue confrontada con la realidad de ser perdonada y necesitar perdonar a otros. Por eso, cuando me le acerqué, empezó a sentirse muy incómoda. El enojo dentro de ella estalló y perdió el control. Satanás manifestó su obra en ella. Estaba con una herida sin sanar que se había rasgado una vez más. Pero esta vez estaba causando un sangrado emocional y espiritual severo.

El dolor de su amargura infecciosa la hizo estallar. Más tarde, al aconsejarla, descubrimos que yo solo me había convertido en uno de esos hombres que la habían violado. Yo representaba lo que ella odiaba. Mi presencia, como un hombre de autoridad, la hizo reaccionar así.

Nuestros consejeros le enfatizaron la importancia del perdón. El perdón es la piedra angular de una vida de libertad. Nos permite ser libres de los que nos han herido y nos suelta de las ligaduras que nos mantienen atados a ellos. Esta joven empezó a pronunciar audiblemente el nombre de cada hombre que la había herido, violado y que había abusado de ella. Ella pronunció sus nombres y dijo:

–"Te perdono por...".

Finalmente se acercó al puente más difícil de cruzar de todos. Tuvo que perdonar a su propio padre, el que la había forzado en la prostitución cuando todavía era una niña. Una vez que hizo ese rompimiento, esas voces diabólicas que golpeaban dentro de su mente desaparecieron. Una gran carga fue levantada de sus hombros y empezó a experimentar su recién encontrada libertad.

Es sorprendente la cantidad de personas que llevan cargas. Los médicos nos dicen que muchos ataques cardíacos y paros respiratorios son ocasionados cuando las personas guardan su enojo y amargura y dejan estas situaciones sin resolver.

También afirman que muchas de las enfermedades modernas son el resultado de situaciones relacionadas con la tensión. Por experiencia, puedo afirmar que el 70% de los que acuden a nosotros por ayuda y sufren una dolencia física, emocional o espiritual, tienen a alguien en su vida a quien no han perdonado.

Si desea tener el poder para cambiar y quiere ver su vida transformada dramáticamente, aprender a perdonar lo lanzará por completo en una nueva dimensión. Si no lo hace inicia un proceso en el que se incrusta cada vez más con los que lo hirieron. Hay algo irónico acerca de no perdonar a alguien. Cuando nos negamos a perdonar, quedamos conectados a esa persona. Quedamos unidos a él o ella. Las heridas y dolencias a las que nos aferramos nos mantienen atados emocional y espiritualmente a esa persona. Por consiguiente, el perdón no es solo soltar a la persona de nosotros. También nos suelta a nosotros de esa persona. El perdón es el acto que nos lleva lejos de un modelo destructivo, doloroso y perjudicial.

Un gran desafío

Tal vez para este momento usted está convencido de la necesidad de sanar sus heridas del pasado. Quizás diga: "Puedo ver la necesidad de ser libre de toda la amargura que he albergado". Después de todo, la amargura es el veneno que bebemos cuando deseamos que alguien se muera. Probablemente diga: "Estoy cansado de beber este veneno y tener que pagar las consecuencias por él". Pero queda un difícil desafío: perdonar a los que no quieren recibir perdón.

Cuando mi primera hija nació, en octubre de 1990, vivíamos en el parque para remolques de la Universidad de Vanguard. Debido a que estaba terminando mi Maestría; ese era un lugar económico para vivir. Normalmente, durante una semana o dos en el mes de octubre, el clima se pone bastante caluroso en el sur de California. Un árbol crecía al lado de nuestra ventana trasera y, por supuesto, teníamos que dormir con esta abierta. Este remolque en particular no tenía ninguna tela metálica especial en las ventanas para que no entraran los insectos. Una noche, una enorme sabandija se arrastró por mi frente y me despertó. "¡Suficiente! –pensé–. Necesitamos podar ese árbol. No solo por las sabandijas, sino que también es un factor de riesgo de incendios".

El siguiente día hablé al departamento de mantenimiento acerca del problema. Me dijeron:

–"Estamos cortos de personal. Tardará aproximadamente una semana hasta que podamos podarlo. Si usted quiere hacerlo por sí mismo, tiene nuestro permiso".

Esa fue la solución que escogí. Así que agarré una sierra y empecé a podarlo. Probablemente corté demasiado. Pero pensé que no importaría. Estábamos entrando a los meses de invierno y la sombra ya no sería tan importante.

Dos días habían pasado cuando tres personas vinieron a nuestra puerta. Dijeron que teníamos una situación muy seria y que necesitábamos hablar. Los invité a entrar. Por las expresiones en sus rostros supe que estaban enojados por algo. Resultó ser que eran nuestros vecinos de al lado, los que habían pagado para tener su remolque posicionado al lado del nuestro. ¿Por qué? Por la sombra del árbol. ¿Cuál árbol? El que podé.

Serenamente, intenté explicar que estábamos teniendo problemas con los insectos y que, para nosotros, ese árbol representaba un riesgo de fuego. Para ellos, ese árbol representaba su fuente de sombra por la tarde, encima de la ventana de su alcoba. La bendición de un hombre era la maldición de otro. Así que me disculpé y dije:

—"Yo realmente no tenía idea alguna de que mis acciones estaban causando tanto pesar".

El marido contestó:

—"El perdón es una cosa, pero la restitución es otra. Queremos que haga algo al respecto".

Me quedé corto de palabras. No tenía ninguna idea de cómo resolver el problema. La única manera que ellos parecerían estar contentos era si transplantaba otro árbol y reemplazaba el tronco sin hojas que ahora salía de esa porción de tierra.

Les dije: —"Me gustaría ayudarles, pero eso costaría una fortuna".

—"Calculamos que esto va a costarle, por lo menos varios cientos de dólares", apuntaron.

Contesté: —"Vamos a tener que encontrar otra solución, porque esto es completamente irrazonable. Yo tenía permiso para podar el árbol" —les dije. Me dijeron: —"Vamos a llevar el caso al administrador universitario" —lo que efectivamente hicieron.

Cuando ellos salieron, yo estaba sumamente disgustado. Estaba dolido. Sentía que ellos no solo se habían unido contra mí, sino que nunca tomaron en cuenta nuestra situación. Yo me había disculpado y había intentado extenderles mi mano, pero me sentí completamente rechazado.

Después de reunirse con el administrador, descubrieron que yo tenía permiso para podar el árbol. Aunque la poda no fue lo mejor, no obstante, tenía el permiso. Y de ninguna manera era –legal o moralmente– responsable de resolver la situación. La universidad sí lo era. Cuando oí que la Universidad no me culpaba por el incidente, regresé a donde estaba la pareja y les dije:

–"Todavía estoy dedicado a encontrar una solución para ustedes".

Así que después de hablar por aproximadamente cuarenta y cinco minutos, llegamos a la conclusión de que el problema más importante para ellos era recuperar su sombra de la tarde. Así que pagué por los materiales y para que un carpintero construyera un pequeño toldo encima de su ventana.

Cuando uno de los miembros del personal de mantenimiento estaba instalando el toldo, el marido salió y dijo:

–"¡Vaya! Eso sí que es pequeño!"

Le respondí: –"Eso es lo que se requiere para cubrir la ventana".

–"No –dijo– no queríamos solo la ventana cubierta, sino también toda la parte de atrás del remolque".

Finalmente dije: –"Estoy pagando esto de mi propio bolsillo".

Él dijo: –"¡Oh, gran cosa! ¿Cuánto le costó… veinte dólares?"

Le dije: –"Tómelo o déjelo. Pero esta conversación ha terminado. Y nunca más me molesten con sus problemitas de sombra".

Una vez más yo estaba sumamente disgustado. Durante un largo tiempo siempre que veía su automóvil, siempre que miraba su remolque o siempre que veía sus rostros a la distancia, era como una costra arrancada y mi herida –una vez más– quedaba expuesta.

El perdón no es una emoción, es una decisión

Tenía que tomar una elección. Tenía que tomar una decisión muy difícil. ¿Cómo perdona usted a alguien que no quiere recibir perdón? Al parecer, existe una injusticia cuando uno se siente obligado a perdonar a alguien que no acepta su perdón. Aun así, extender la mano del perdón, no solo es el plan de Dios para los que lo reciben, sino también para los que lo ofrecen.

Llegó al punto donde tuve que decirme a mí mismo: "Escojo perdonarlos". Mi perdón para ellos no dependía de su deseo de recibirlo. Dependía exclusivamente de mí y de nadie más. El perdón es una elección y no una emoción. Por lo tanto, decidí perdonarlos. Tomé una decisión importante. Cada vez que pensaba en esa familia o veía su casa o su vehículo, me decía a mí mismo: "Los perdoné, y los he liberado de mi enojo".

Entiendo que hablar sobre árboles podados y vecinos que se enfadan por una sombra no suma mucho cuando usted lo compara con las personas a las cuales se les miente, o se aprovechan de ellas, o son abusadas, o violadas o quizás incluso son asesinadas. Eso es verdad. Sin embargo, el concepto de perdón se aplica a todos ellos. Recuerde, el perdón, no solo suelta al ofensor, sino que sana al ofendido.

~

¿Cómo perdonar a los que no son conscientes de que nos han herido?

Como mencioné antes, crecí en una casa loca. Uso ese término en forma jocosa. Pero fui confrontado con la realidad de tener que perdonar a mi madre por las cosas que me dijo o por el abuso emocional, que era completamente injustificado. Tuve que perdonarla. ¿Recuerda cuando le mencioné que me dijo que saliera de nuestra casa? El día siguiente ella no recordaba lo que había pasado. Era frustrante intentar conectarme con ella y reconciliar lo que había ocurrido. Ella estaba totalmente al margen. Así que, ¿qué hace usted en una circunstancia similar?

Esto me lleva al segundo desafío en el perdón: ¿debe perdonar a alguien que no sabe que lo ha herido?

Los principios del perdón son los mismos aunque el ofensor lo busque o no. Estoy seguro que he ofendido a personas sin intención. Después, probablemente no tenía idea alguna de mi ofensa. En el caso donde mi ofensa era inocente, solo puedo esperar que las personas encuentren en su corazón perdonarme.

En el caso donde un pariente o alguien cercano lo ha herido sin intención, soltarlo es la única respuesta correcta. Si usted no puede encontrar perdón, sus percepciones acerca de ellos empiezan a cambiar significativamente. Podría empezar a decir:

–"¡Qué persona tan despistada! ¿Está ciega al mundo alrededor de ella?"

O quizás: –"¿Puedes imaginar tener que vivir con alguien así?"

Pronto empezamos a traer abajo a la persona a medida que sembramos, dentro de nosotros, la amargura y el enojo. Esto empieza todo un nuevo ciclo de autodestrucción. Eventualmente, nos enganchamos en traer abajo a otros, con nuestro espíritu de amargura y enfado. Recuerde: la amargura es el veneno que bebemos cuando esperamos la muerte de la otra persona.

La amargura y el enojo nos paralizan. El enojo estrangula nuestra habilidad de ser fructíferos en la vida. Aprender a manejar nuestro enojo y tratar con emociones de enfado son una de las llaves más importantes para lograr *el poder para cambiar.*

¿Cuántas mujeres podrían llegar a más en la vida si solo aprendieran a permitir que los muertos entierren a sus muertos y perdonaran a los que les han hecho daño injustamente? ¿Cuántos hombres habrían desarrollado grandes carreras profesiones si hubieran aprendido de las heridas del pasado? ¿Cuántas parejas tendrían excelentes y significativas relaciones si solo aprendieran a perdonar a su cónyuge por los errores cometidos?

Si usted quiere vivir una vida fructífera y experimentar todo lo que Dios quiere que experimente, viva una vida de perdón. Suelte ya su enojo, amargura y heridas, y entrégueselas al Señor. Entréguele todo al Señor y Él se llevará sus cargas.

¡Simplemente hágalo!

Jesús dice en Mateo 11:29: *"Carguen con mi yugo y aprendan de mí, pues yo soy apacible y humilde de corazón, y encontrarán descanso para su alma"*. El Señor nos insta a que nos despojemos todas las cargas que llevamos y asumamos su carga. Su carga es ligera y al llevar su carga encontraremos descanso para nuestras almas.

Como mencioné antes, el perdón no es una emoción, es una decisión. Es elección diaria con la cual usted dice: "Decido perdonar y soltar a esa persona de todo lo que me ha hecho".

El perdón es el reconocimiento de que Dios salda todas las cuentas y el asunto queda fuera de nuestras manos. El perdón es darme cuenta de que si Jesús pudo perdonarme de todo lo que le hice, entonces ciertamente puedo perdonar a otros.

Si usted ha llegado al punto donde quiere ser libre de toda la amargura y el enojo, si ha llegado al punto de querer cortar todos los lazos y cadenas que lo han mantenido atado a los que le han causado dolor y angustia, si hoy es el día que quiere experimentar libertad de una vida ahogada en un huracán de enojos, entonces tome un pedazo de papel y empiece a apuntar los nombres de todos aquellos a los que necesita perdonar.

No intente analizar esto. Si el enojo o cualquier resentimiento existe, no importa si es bien pequeño, apúntelo. En momentos, la negación entra y empezamos a descontar nuestros sentimientos. Manténgase enfocado. Apúntelo, no importa que parezca una actitud infantil.

Haga una línea de arriba abajo, divida un papel en dos mitades, la izquierda y la derecha. En el lado izquierdo apunte el nombre de la persona. Podría apuntar solo la inicial del apellido, en caso de que sean muchas personas, pues algunos podrían tener el mismo nombre de pila. En el lado de la derecha apunte, en una o dos frases, las ofensas de ellos contra usted. Intente apuntar los hechos, pero no empiece a calumniar a las personas. El punto aquí no es avivar las viejas heridas, sino soltar a aquellos que lo han herido.

Una vez que ha completado esto, diga el nombre de la persona en voz alta. Con el propósito de dar un ejemplo, usaré el nombre "Juan". Diga: –"Juan, te perdono –por ejemplo– por decir mentiras a mis espaldas y por acusarme de robar. Juan, te libero del enojo que tengo albergado contra ti. Te libero de tu responsabilidad en causarme dolor y vergüenza".

Entonces continúe con el nombre de la siguiente persona y hágalo en voz alta. Recuerde, puede ser que no sienta que ha perdonado a estas personas. Pero el perdón no es una emoción, es una decisión.

Cuando su mente ha decidido perdonar, sus emociones cambiarán y usted se sentirá menos enfadado y con menos amargura hacia esos individuos. Si le cuesta decir las palabras de perdón, deténgase y empiece a orar. Pídale ayuda a Dios. Pídale al Señor su carga, porque es más ligera. Pídale que se lleve su carga y que la reemplace con la de Él. Encontrará que, después de un corto tiempo, la carga que lleva se hará más ligera y lo que parecía ser algo imposible, será manejable.

El Señor no quiere que usted sobreviva su vida. Él quiere que la viva. Esa es la razón por la cual la llama vida. Debe vivirse. El deseo de Dios es que viva la vida y que la viva en gran abundancia. Jesús dice en Juan 10:10: *"El ladrón no viene más que a robar, matar y destruir; yo he venido para que tengan vida, y la tengan en abundancia"*.

Este es el deseo y el plan de Dios para nosotros. La única manera en que usted puede vivir la vida a plenitud es siendo libre. La única manera en que puede ser verdaderamente libre es no teniendo cadenas. La única manera de no tener cadenas es cortando los lazos que lo mantienen atado con amargura y enojo. La única manera de ser libre de la amargura y el enojo es perdonando. La única manera de perdonar es decidiéndolo y diciéndolo.

Cuando empecemos a vivir una vida libre de modelos generacionales destructivos del pasado y de sus causas, pidamos al Señor que nos ayude a empezar nuevos hábitos que traigan bendición a nuestras vidas. El vivir una vida de bendición implica que seamos libres. Libres de las adicciones. Libres del abuso. Libres del odio y de la amargura. Implica que ya no nos aferremos a las heridas del pasado, ni a los dolores que nos mantienen emocionalmente unidos a los que nos han herido.

Esto nos lleva a nuestro último paso y final: encontrar un grupo de amigos saludables con quienes podamos disfrutar actividades. Más importante aún, estas son personas con quienes nos volvemos más saludables y mejores personas. Esto no es rendición de cuentas forzada. Esto significa que encontramos a las personas con quienes Dios nos ha destinado para tener armonía con ellas.

A medida que cerramos juntos este capítulo, permítanos una vez más pedirle a Dios la guía y la fuerza para poder perdonar y soltar a todos esos individuos a los que necesitamos dejar libres de cargos.

Esta es una oración que podría ayudarle como un punto de arranque. Todos necesitamos un lugar para empezar. Empecemos juntos:

> "Señor, sé que no he vivido una vida perfecta. Sé que te he herido. Quizás era consciente de ello, o no. De cualquier modo, sé que te he causado dolor. Te pido que me perdones de todas mis transgresiones contra ti. También, te pido que me perdones por herir a los que lastimé sin saberlo. Perdóname por ofender a estas personas en relaciones pasadas, a mi familia y a los que una vez eran mis amigos, pero que ya no lo son. Mientras te pido que me dejes libre de todo cargo en mi contra, perdono a todo aquel que me ha herido. Así como tú me has perdonado por todo lo que he hecho contra ti y contra otros, escojo perdonar lo que me hicieron, adrede o no. Señor, dame la fuerza para escoger el camino del perdón y ayúdame para que viva una vida libre de la amargura y del enojo. Te pido que me des tu carga que es ligera, para que yo pueda vivir la vida, y que pueda vivirla en abundancia. Pido todas estas cosas en tu precioso nombre, amén".

Capítulo 6

NINGÚN HOMBRE es UNA ISLA

Hace algunos años con mi esposa dejamos a nuestras tres hijas con sus abuelos en California del Sur. Nos dirigíamos a una conferencia en Buenos Aires, Argentina. Después de viajar dieciséis horas a través de todas las conexiones necesarias, finalmente aterrizamos en el otro lado del mundo. Pasamos una semana en cruzadas y conferencias.

El martes por la mañana, estábamos en una iglesia disfrutando un gran servicio. Nunca olvidaré al agitado estadounidense que se nos acercó y nos dijo:

−"Disculpen, no sé si lo han oído, pero Estados Unidos está bajo ataque. El Centro Mundial del Comercio ha sido destruido. Un avión ha chocado contra el Pentágono y parece que otro se está dirigiendo hacia la Casa Blanca".

Mi corazón se hundió. No podía creerlo. Salí hacia el vestíbulo de la iglesia donde un buen amigo, Claudio Freidzon, me dijo:

–"Jason, las torres gemelas están en el suelo. Lo vi con mis ojos. Vi el choque del segundo avión y miré cómo ambas torres se derrumbaron. Hollywood no podría haber hecho una escena más gráfica".

Inmediatamente, con mi esposa buscamos una pantalla de televisión para ver lo que ocurría. Allí vimos, junto con centenares de millones de espectadores alrededor del mundo, las repeticiones gráficas de un ataque terrorista sin paralelos. El mundo estaba perplejo. La CNN anunció que la FAA (Agencia Aeronáutica Federal) había ordenado a todos los vuelos en el aire aterrizar inmediatamente y quedarse en tierra hasta nuevo aviso. Empezamos a pensar en cómo íbamos a volver al sur de California para recoger a nuestras hijas. Supimos que necesitábamos salir de la Argentina lo más pronto posible. Teníamos reservaciones para volar el 12 de septiembre. Cuando llamamos, la aerolínea que estábamos usando, nos dijo:

–"No volaremos por lo menos durante una semana".

"Una semana... –pensé– de ninguna manera esperaremos una semana para ver a nuestras niñas." Comprendí que necesitábamos ayuda.

Me di cuenta de que necesitábamos un milagro. Necesitábamos familia. Necesitábamos amigos. Necesitábamos personas en las que pudiéramos confiar.

Ningún hombre es una isla. Necesitamos familiares y amigos que nos puedan ayudar a pasar por la vida. Necesitamos personas que nos ayuden a pasar del punto "A" al punto "B".

Llamé a mis suegros y les expliqué la situación. Lo primero que hicieron fue orar y enviar un correo electrónico a una red de oración –una red de personas que oran por otros en necesidad–. En minutos, cientos de personas a través del mundo empezaron a orar. Llamé a "American Express" –compañía de tarjetas de crédito– y les pedí ayuda para viajar. No solo encontraron un vuelo a la ciudad de

México, sino que, también, nos comunicaron telefónicamente con mis suegros, sin cobrarnos. Considerando que el costo de una llamada de larga distancia de Buenos Aires a Los Ángeles era de US$ 14.= el primer minuto, estábamos muy agradecidos. Hicimos reservaciones para viajar hacia la ciudad de México el 13 de septiembre, dos días después de los ataques. No teníamos ningún vuelo hacia Los Ángeles, pero estaríamos a dos tercios del camino a nuestro destino.

La única manera de llegar a casa sería por un milagro y por la familia y amigos que vinieran en nuestra ayuda. Abordamos el vuelo a la 01:30 del viernes y volamos haciendo escala en Cancún; luego nos dirigimos hacia la ciudad de México. Después de aterrizar al mediodía el 14 de septiembre, supimos que tendríamos que realizar un viaje por tierra de veinticuatro horas hasta la frontera con San Diego. Tenía que haber una mejor manera, pero las vías aéreas sobre los Estados Unidos estaban cerradas. Las personas continuaron orando.

Entonces tuvimos una idea. Decidimos tomar cualquier vuelo directo hacia Tijuana, México. Es una ciudad que queda justo cerca de la frontera, muy cerca de San Diego. "Si podemos volar hasta Tijuana, podemos caminar a través de la frontera, o alguien puede recogernos", pensamos. Por otro milagro había un vuelo disponible que salía de la ciudad de México varias horas después de que habíamos aterrizado. Había solo dos asientos desocupados, y nada más. Reservamos el vuelo y, justo antes de que abordáramos, llamé a mi suegro y le pedí que manejara hasta entrar a México y que nos recogiera en el aeropuerto de Tijuana. Él respondió:

–"Pueden contar conmigo".

El vuelo fue bastante turbulento. Mi esposa y yo no pudimos sentarnos juntos, porque el avión estaba repleto. Después de aterrizar y dejar el aeropuerto, encontramos a mi suegro, que estaba allí de pie, ondeando su mano, entusiasmado.

Manejamos unos cinco kilómetros hasta alcanzar una larga línea de automóviles en el cruce de frontera. Nos tomó dos horas movernos a través de la línea divisoria, lo que bajo circunstancias normales nos habría tomado tan solo cinco minutos. Cruzamos la frontera y fuimos interrogados por dos agentes del FBI, que estaban fuertemente armados. El funcionario nos preguntó:

–"¿De dónde vienen ustedes?"

Le respondí con un perfecto acento del sur de California:

–"Soy de 'Cal' del Sur y estábamos en la Argentina".

Nos pidieron que saliéramos del vehículo y mostráramos cada pieza de equipaje y artículo que llevábamos. Después de preguntarnos acerca de lo que hacíamos en la Argentina, registraron el vehículo. Finalmente nos dieron el visto bueno. Cuando crucé la frontera, me arrodillé y besé la tierra. Nunca olvidaré ese día por el resto de mi vida. Gracias a los centenares de personas fieles que oraron, a varias compañías, a mi suegro y más que todo, al Señor, pudimos regresar para estar con nuestras niñas en un tiempo de crisis internacional.

Trabajar como un equipo es muy importante. Rodearse con amigos en que usted puede confiar es imperativo. Ser abierto y honesto con ellos es preponderante. ¿Por qué? Cuando se tiene dificultad al caminar a través de la vida, los amigos cercanos y la familia son el sistema de navegación de respaldo que lo mantiene a uno en curso.

Muchas veces pensamos que no necesitamos a nadie. Que nuestra vida es manejable sin ninguna ayuda. Ese pensamiento empieza a una edad muy temprana. Por ejemplo, cuando éramos niños queríamos atar nuestros propios zapatos, queríamos alimentarnos por nosotros mismos y queríamos cruzar la calle sin el sostén de la mano de nadie. Eventualmente, aprendemos a atar nuestros zapatos, a comer sin la ayuda de otros y a cruzar la calle solos. Para algunas cosas en la vida, necesitamos muy poca ayuda.

No obstante, cuando crecemos y nos convertimos en adultos, necesitamos apoyo y el rendir cuentas para guiarnos en nuestra vida.

No soporto las amistades forzadas

Para los introvertidos en este mundo, no hay nada peor que tener que ir a una fiesta y conocer nuevas personas. Usted entra por la puerta y sonríe a todos, simula que se está divirtiendo, cuando realmente preferiría estar solo en casa leyendo un libro. Hacer nuevos amigos puede ser una experiencia dolorosa. En general invertimos tiempo y energía en personas sin saber si la inversión vale el esfuerzo.

Cuando hablamos sobre formar un grupo de apoyo para que la responsabilidad pueda reforzar el trabajo que Dios ha hecho en nuestra vida, estoy seguro que la presión sanguínea empieza a subir en algunos. Formar grupos de rendición de cuentas hace encogerse a muchas personas. El pensamiento de tener que decir los detalles íntimos de nuestras vidas no es nuestra idea de un buen momento. La mayoría de las personas estaría de acuerdo. ¿Quién quiere dar información personal a otros, sobre todo cuando se tiene muy poca confianza en ellos? Es por esa razón que prefiero llamar a semejante grupo una red de amigos de confianza en quienes podemos confiar. En lugar de intentar forzar a una relación a ser algo que no lo es, debemos buscar amigos con quienes nos sentimos libres de la ansiedad.

Permítame clarificar lo que quiero decir cuando uso las palabras "rendición de cuentas".

Es abrir nuestras vidas a personas con quienes nos sentimos cómodos y seguros. La rendición de cuentas a esas personas otorga permiso para examinar ciertos aspectos de nuestras vidas. Formamos alianzas con ellos para que puedan velar por nuestra salud en el nivel espiritual, emocional y físico. Estas son personas que están completamente comprometidas con nuestro bienestar.

Digamos que el presidente de la IBM lo llama y le dice que la compañía, una corporación multinacional cuyo valor ronda los mil millones de dólares, ha tenido un cambio total de liderazgo.

Los accionistas le han pedido a todos los ejecutivos su renuncia. Así que, el presidente le ofrece su trabajo y, ahora, usted es el jefe. Se ha convertido en presidente de la compañía. La nómina entera de directores simplemente ha renunciado así como todos los ejecutivos de alto nivel. Lo único a valorar es que si quiere el empleo, queda solo. Todos los demás se han ido. Así que acepta el trabajo.

¿Qué hace ahora? Primero, necesita formar un equipo. Sería imposible hacer que la IBM funcionara sin una gran nómina de ejecutivos y gerentes. Sin embargo, antes de que contrate a las personas que lo ayudarán a guiar esta organización, debe hacer una lista de las calificaciones necesarias para los que lo ayudarán a manejar la compañía. Su junta directiva debe componerse de personas de confianza, integridad y experiencia. Si la IBM va a continuar sobreviviendo en el mundo de las computadoras –el que es muy competitivo– debe contar con un equipo de liderazgo altamente unido y calificado, dedicado a una meta sólida: "…liderar en la creación, desarrollo y fabricación de las tecnologías de información más avanzadas de la industria, incluyendo sistemas computarizados, *software*, sistemas de redes, dispositivos del almacenamiento y microelectrónica".

Imagínese tratando de cumplir semejante misión por sí solo… sencillamente es imposible. Si intentara manejar una compañía del tamaño de IBM solo, la compañía entraría en proceso de extinción en menos de una semana.

Lo mismo es verdad acerca de nuestras vidas personales. Necesitamos personas de integridad, confianza y experiencia que nos rodeen, dedicados a una meta sólida: ayudarnos a ser las mejores personas que podamos ser y ayudarnos a permanecer conectados con Dios. Esos son los requisitos de las personas que deben rodearnos.

Ellas nos ayudan a crecer. Nos guían en las decisiones importantes. Nos dan el tipo de rendición de cuentas que necesitamos. Nos mantienen en el camino cuando los vientos de la distracción nos sacan fuera de curso. Nos ayudan a mantenernos en línea cuando Satanás intenta atraernos hacia conductas destructivas. En general, un grupo de amigos que se preocupe por nosotros y en quien podamos confiar, nos ayudará a mantener nuestra vida en un curso firme. Nos sirven de brújula.

Mantenga sus ojos en la brújula

El 31 de agosto de 1983 el vuelo número 007 de las Aerolíneas Coreanas despegó del aeropuerto John Fitzgerald Kennedy, en Nueva York –el mayor del mundo– y se dirigió hacia una parada para reabastecerse de gasolina en Anchorage, Alaska. Partió para su destino final: Seúl, Corea del Sur, después de una escala de una hora y media.

Brevemente, después del despegue, el avión se desvió fuera de curso quizás un grado al norte. Esto eventualmente llevó al 747 hacia el espacio aéreo ruso. Aviones de combate soviéticos fueron enviados a interceptar el jumbo jet. Aparentemente, el ejército ruso pensó –equivocadamente– que el vuelo 007 era un avión espía.

Mientras volaba a una altitud de 12.000 metros, la tripulación de veintitrés personas no tenía idea de lo que les esperaba. Cuando se aproximaban a la península de Kamchatka, los aviones de combate Mig interceptaron a la aeronave coreana. Finalmente el KAL 007 dejó el espacio aéreo ruso y se dirigió hacia el Mar de Okhostk. Aproximadamente, cuatro horas después del despegue, el avión había vagado trescientos kilómetros fuera de su curso y se estaba dirigiendo hacia Sakhalin. Cerca de las 18:16 volvió a entrar en el espacio aéreo soviético. Una vez más, los cazas fueron despachados e interceptaron el avión aproximadamente a las 18:20. A las 18:22 el centro de comando soviético ordenó la destrucción del blanco. Un proyectil impactó el avión a las 18:26. La presión de la cabina se perdió y el avión empezó a derrumbarse en espiral. En pocos minutos chocó contra el mar. Todas las doscientas sesenta y nueve personas a bordo, tanto pasajeros como miembros de la tripulación, murieron en el mar de Okhotsk.

Cuando pienso en esta tragedia, no puedo más que contemplar las consecuencias de cometer un error de navegación de tan solo un grado. Un grado al inicio de un vuelo parece algo mínimo. Después de cuatro horas de tiempo de vuelo –más de tres mil doscientos kilómetros– la diferencia no es mínima, es enorme. El avión se había desviado fuera de curso por casi trescientos kilómetros; eso es casi el ancho del estado de California. Si el avión hubiera continuado por ocho horas, habría estado seiscientos cuarenta kilómetros fuera de curso; ese es un quinto del ancho de los Estados Unidos. Las consecuencias por vagar fuera de curso fueron trágicas: las vidas de todos los que viajaban en él. No mantener sus ojos en la brújula les costó todo. Su fracaso en confirmar su localización con la torre de control fue su sentencia de muerte. Las repercusiones de "volar a ciegas" produjo la muerte de doscientas sesenta y nueve personas.

Quizás un grado no puede ser mucho al principio de una jornada, pero después de un tiempo la diferencia es abrumadora. La mayoría de las personas que estaban a bordo estarían vivas hoy si la tripulación del vuelo no hubiera cometido ese error de navegación de "tan solo" un grado.

Contemple el gráfico y vea cómo es que sucede la desviación de un grado en la ruta.

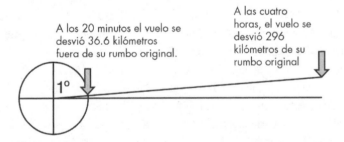

A los 20 minutos el vuelo se desvió 36.6 kilómetros fuera de su rumbo original.

A las cuatro horas, el vuelo se desvió 296 kilómetros de su rumbo original

1°

Nuestra familia, amigos y las personas en quienes confiamos juegan un papel muy valioso en nuestras vidas. Sirven como una brújula de dirección general cuando empezamos a virar fuera de curso.

Este grupo de personas en quienes confiamos debe desear lo mejor para nuestras vidas. Son nuestros ojos cuando tenemos obstáculos para ver bien, nuestros oídos cuando tenemos dificultades para escuchar, nuestros sentidos cuando tenemos problemas con nuestras emociones, nuestra dirección cuando hemos perdido nuestro camino, nuestra conciencia cuando nuestra moralidad parece ser cuestionable y nuestra llamada a despertar cuando no nos damos cuenta que estamos perdidos.

La ayuda idónea

El matrimonio es la institución número uno de Dios para mantenernos en el camino correcto. Fue diseñado por Dios para que dos individuos se vuelvan uno. Se supone que vigilemos, tengamos cuidado de, y nos ayudemos el uno al otro en las buenas y en las malas.

Sin importar las circunstancias, nuestro(a) compañero(a) debe ayudarnos a caminar en la dirección correcta. Nadie nota más rápidamente cuando nuestro compás moral se tuerce, que nuestro cónyuge. Ni discierne más rápidamente cuando entramos en modelos de autodestrucción. Ni responde más pronto cuando nuestro temperamento empieza a dar señales de alarma. Nadie se da cuenta más rápido cuando empezamos a entrar en depresión. Ni es más rápido en corregirnos, ayudarnos, enderezarnos y prestarnos una mano de ayuda cuando la necesitamos, que nuestro cónyuge. Juntos formamos una sociedad en la que ambos lados se ayudan a crecer y a convertirse en personas más saludables.

Podemos confiar en nuestro cónyuge con respecto a nuestras luchas, tentaciones, resentimientos, victorias, derrotas y los detalles íntimos de nuestra vida. No debe haber miedo o preocupación que nos impida abrirnos o que nos haga retener cosas. Aparte de Dios ¿en quién puede usted confiar más que en su cónyuge? Es por eso que Dios diseñó el matrimonio, para que progresemos hasta que la muerte nos separe.

El gobierno de los Estados Unidos reconoce la institución del matrimonio y su importancia. Un matrimonio, según la regla de ley, tiene el derecho de conservar la información que los esposos se comunican entre sí como privada y confidencial. Un cónyuge no puede ser obligado a testificar legalmente contra su compañero o compañera. Es por eso que ningún abogado de distrito –fiscal– en territorio estadounidense puede llamar al cónyuge de un individuo para testificar en un caso civil o penal, sin previo consentimiento.

Puede compartir cosas con su cónyuge que no puede hacerlo con nadie más. No tiene que preocuparse: ninguna otra persona se enterará. Su cónyuge es un recinto seguro. Ese es el diseño de Dios. Por consiguiente, si forma un grupo de amigos de apoyo para ayudarlo a mantener su vida en curso, su cónyuge debe ser su primera opción.

Los padres ayudadores

Sé que hemos hablado acerca de los patrones o modelos destructivos que recogemos de generaciones pasadas. He mencionado que no debe culparse a los padres. Como dije antes, este libro no es una sesión de culpa paternal. La mayoría de los padres son regalos maravillosos de Dios, que desean lo mejor para sus hijos. Los padres deben ser honrados. Y los honramos abrazando lo bueno que nos han transmitido.

Dependiendo de la relación que tenga con sus padres, pueden ser miembros estratégicos de un grupo de personas en quienes puede confiar. Después de todo, ¿quién lo conoce a usted mejor que sus padres? Aparte de Dios y su cónyuge, ¿quién podría querer lo mejor para su vida más que sus padres?

En tiempo pasado, en muchos países todavía los matrimonios se convenían entre los padres. ¿Por qué? Porque se asumía que los padres conocían a sus hijos y sabían quién sería el mejor cónyuge para ellos. No estoy seguro de que queramos volver a esos días.

Personalmente, pienso que escogí la mejor esposa posible para mí, y mis padres están de acuerdo. Quince sólidos años de matrimonio y unas preciosas hijas son testimonio de la bendición de Dios sobre nosotros. Sin embargo, hay una verdad que se destaca en todo esto. Los padres conocen a sus "retoños" y en la mayoría de los escenarios pueden darles excelentes consejos, especialmente en ambientes de confianza y seguridad.

Por consiguiente, no elimine a sus padres como recursos viables para ayudarlo en el curso de su vida. Cuando extienda su mano a ellos para recibir consejo, eso los honrará. Su deseo de tener su punto de vista derrumbará paredes que se han formado por años. Introducirá un tiempo donde el pasado podrá irse para que pueda enfocarse en el futuro. A medida que usted busca su consejo, sus padres se sentirán elogiados con el privilegio de servir como sus consejeros.

En resumen, al pedirles su guía, honra a su padre y madre. Nada agrada más a un padre que cuando su hijo o hija vienen a ellos buscando su dirección. Es una señal de humildad y les demuestra a todos que reconoce que sus padres tienen sabiduría.

Recuerde, todos sabemos que los padres no son perfectos. No esperamos que sean perfectos. Esperamos que nos den lo mejor de ellos y, en la mayoría de los casos, harán precisamente eso. Esto le agrada a Dios, porque es parte de su diseño para su vida.

El diseño de Dios es traer armonía y salud a su matrimonio y a la relación que usted tiene con sus padres. Satanás, por otra parte, desea traer desunión y desorden.

Trampas del enemigo

Como mencioné antes, vivimos en una guerra con respecto a los pensamientos en nuestra mente. La guerra se pelea veinticuatro horas al día, siete días a la semana. La Biblia es clara con respecto a la posición de Satanás y su deseo de destruir la vida. Dice que él vaga por la Tierra buscando a quién devorar. Él destruye, consume y mata. Trabaja hacia ese fin tan fervientemente como Dios trabaja para sanar, restaurar y salvar. Satanás usa el miedo, la alienación y la duda entrelazados dentro de la ansiedad para intentar enviarnos a un nivel más profundo de depresión. Constantemente intenta infiltrarse en nuestras mentes con mentiras, en un intento por provocar más vulnerabilidad y depresión.

Una de sus más grandes herramientas es alimentar el sentimiento de que estamos solos, esto para que nos sintamos anormales. Tenemos un sentir que nos dice que nadie nos entiende; que estamos solos en este mundo y que nadie realmente se preocupa por nosotros. El diablo bombardea nuestras mentes con un diálogo interno perpetuamente negativo que sugiere que no hay esperanza, y que extender la mano por ayuda no servirá de nada. Sugiere, muy sutilmente, que nuestras vidas no mejorarán y que nuestro estado mental está en una espiral descendente. No hay esperanza para el cambio y nadie puede ayudarnos.

¿Por qué le menciono esto? Porque estas son las tácticas que el enemigo utiliza para mantenerlo aislado, para tenerlo alejado de los amigos que potencialmente podrían ayudarlo.

Satanás hará todo lo que pueda para alejarlo de una red de amigos que lo guíen y le den fuerza. Intentará convencerlo de que los amigos no pueden ayudarlo ni pueden entenderlo. El diablo sabe que si confía en personas que pueden darle objetividad, entonces las percepciones que ha tirado en contra de usted se desmenuzarán. Sabe que su círculo de amigos de la misma fe le servirán como su pantalla de radar. Le dan exactitud precisa acerca de su posición. Le dirán si se dirige al norte, sur, este u oeste. Le dirán si está fuera de curso por uno o dos grados. Cuando vague fuera de curso, podrán enviar un apoyo aéreo para escoltarlo a los cielos más seguros.

Perfilaré dos trampas muy peligrosas que el enemigo usa para mantenerlo alejado de construir relaciones saludables cristocéntricas, el tipo de relación que lo mantiene en curso.

Primero, puede utilizar mentiras y animar un diálogo interno negativo que introduce el estado mental personal en una espiral descendente hacia una depresión mucho más profunda. La persona se oye a sí misma diciendo que se está volviendo loca. Se convence que las cosas nunca mejorarán y empieza a perder su voluntad. En algunos casos, las personas pierden su deseo de vivir. El cambio es imposible. La esperanza no puede ser encontrada.

A medida que la persona se enfoca en sí misma, levanta paredes que mantienen afuera a los amigos –aquellos que podrían ayudarla–. La persona se convence que extender la mano a otros es inútil, porque nadie puede ayudar.

La segunda trampa es más engañosa. Satanás puede intentar convencer a la persona que no hay nada malo, que él o ella simplemente están teniendo "un mal día". La persona continúa en un patrón autodestructivo, no reconoce que existe un serio problema. Él o ella vive en negación, asiéndose de una ilusión óptica para desviar el dolor. Muchas personas podrían experimentar baches ocasionales en su presión emocional. Entonces las personas empiezan a pensar: "Estoy bien". Los puntos altos periódicos equilibran los duros valles dolorosos.

Hay ejemplos innumerables de personas que pierden el control mientras extienden la mano hacia algo que resulta ser un espejismo. Sus vidas y matrimonios se caen en pedazos y sufren grandemente, mientras continúan con una sonrisa en su rostro, cree que un rompimiento está justo sobre el horizonte. Les dicen a las personas con quienes trabajan que todo está bien, mientras intentan convencerse de que lo que dicen es verdad.

No necesito mencionar los nombres de políticos, actores o quizás ministros de la iglesia que sufren tal iniquidad e intentan pretender que la vida está "bien". Si hubieran extendido la mano a sus amigos pidiendo consejo antes de la crisis, sus historias nunca habrían salido en las primeras páginas de los periódicos nacionales.

Como resultado de estas trampas, dejamos de extender la mano a otros. Empezamos a abrazar una mentalidad de sobrevivir en lugar de abrazar una de vivir. Pensamos: "Si tan solo pudiéramos lograr alguna meta o seguir adelante hasta que el dolor pase, entonces la serenidad, la paz y el contentamiento vendrán". Esto no es más que una táctica para reenfocar la atención hacia algo que temporalmente prolonga una destrucción inevitable, en lugar de focalizarnos en la atención de nuestro dolor, soledad e iniquidad. Desgraciadamente, durante ese tiempo, nuestros amigos y familia padecen la distancia emocional y superficialidad que decidimos abrazar.

Trampas generales

Además de los ataques que vienen del propio Satanás, experimentamos trampas generales que nos descarrilan de vivir una vida armoniosa con otros. Estos no son ataques que entran del enemigo, sino más bien son mecanismos de defensa que surgen de dentro de nosotros. De vez en cuando una autodefensa sube y nos dice que no estamos tan mal como pensábamos. Esto ocurre después de varias semanas de conseguir algún progreso. La persona empieza a experimentar un descanso en su presión emocional y, por lo tanto, siente que la solución y la restitución han llegado. Lo llamo una curación prematura. Es solo una muestra de lo que está por venir.

Pero la sanidad y la serenidad vienen en fases. Por consiguiente, es algo peligroso verse a uno mismo completamente sano después de unas semanas. Experimentar el *poder para cambiar* es un proceso, una sociedad entre usted y Dios. Ser perfeccionado en Cristo dura toda una vida.

Es similar a la presión que se crea en una botella de dos litros de Coca Cola. Si se la ha agitado recientemente, la primera vez que la abre es como una explosión. Las burbujas saltan hacia afuera y crean todo un desastre. La presión de aire dentro de la botella ha salido. La botella ya no está bajo presión. Con la tapa fuera ya no hay derramamiento de burbujas. Pero después de que la botella se ha resellado, la carbonización continúa soltando gas y la presión empieza a levantarse de nuevo.

Una vez que la botella se abre nuevamente, puede oír el sonido del gas cuando sale. Dependiendo si tiene cuidado o no, las burbujas saltarán fuera otra vez. Esto continuará pasando hasta que la bebida se quede sin nada de gas.

En una manera similar, después de una o dos veces de sacar algo fuera de nuestro pecho, nos sentimos mejor. Perdemos la necesidad de continuar por el camino hacia la recuperación. Como resultado de tener un rompimiento que produce una descarga emocional y un sentido falso de recuperación total, una persona podría volverse ambivalente después de esto, y así perder su sentido de urgencia en cuanto a tratar con muchos de los sentimientos o eventos en el pasado. Sentimos como si la presión se ha ido.

Nos volvemos a "poner la tapa" y la presión empieza a levantarse de nuevo. Solo hasta que aquello con lo cual lidiamos en nuestro interior desaparezca, podemos caminar con la seguridad de que no hay más peligro de una explosión.

Hace algunos años un hombre joven vino a una cruzada. Meses antes, le había dado su vida a Cristo. Su pasado estaba lleno de drogas y alcoholismo. Dios empezó un gran trabajo en su vida y en su familia inmediata. Después de un par de años, varios miembros de su familia le entregaron sus corazones a Cristo. Este joven se convirtió en líder de la juventud en su iglesia. Dios había bendecido su vida.

Sin embargo, debido a todo el tumulto de su pasado, todavía traía "equipaje". Había pecados ocultos que rasgaban su vida personal. Un día recibí una llamada telefónica. Mi esposa y yo nos reunimos con él. Nos confesó sus pecados, pero yo sabía que una cosa era necesaria: él necesitaría una red íntima de amigos para hacerlo responsable de sus acciones. Después de la primera reunión conmigo, me dijo:

–"Me siento mucho mejor. Me siento muy bien".

Las semanas pasaron, y no volví a tener noticias de él. Descubrí que seguía luchando con lo mismo y entonces lo confronté. Me aseguró que estaba bien. Después su pastor me dijo que no había ido a la iglesia en más de seis semanas. Lo confronté de nuevo, pero pensaba que estaba bien. Igual que con la botella de Coca Cola, algo de la presión en su vida había salido. Había tenido un rompimiento. Se sentía mejor. No sentía necesidad alguna de continuar hablando acerca de sus problemas. No se daba cuenta de su ambivalencia. Perdió su sentido de necesidad de tratar con "el equipaje" que había cargado por años.

A inicios de 2002 vino a mi casa y me mencionó que había caído en los viejos modelos de autodestrucción. Se había atrincherado, una vez más, en una vida llena de drogas y delincuencia.

Se vuelve fácil para nosotros descontar la gravedad de nuestra situación. Como mencioné en el capítulo dos, podemos aprender a protegernos de los que nos hirieron si formamos una pared emocional para entumecer el dolor que experimentamos. Muchas veces pudimos decir: "¡Nunca trataré a mi cónyuge ni a los niños así!"

Levantar una pared emocional empeora nuestra conexión con el dolor. Nuestras experiencias se vuelven una mera imagen distante que se proyecta como si alguien más la experimentara. Es como si estuviéramos contando una historia acerca de la vida de algún otro. Nos hemos desconectado emocionalmente por completo de esa experiencia. Les respondemos a nuestros amigos de una manera o en un tono indiferente. Hablamos con total objetividad sin conexión emocional alguna.

Aquí es donde la resistencia se manifiesta. En la medida que formamos alianzas con personas que pueden darnos guía, la veracidad es imperativa. No solo debemos ser completamente honestos en cuanto a que necesitamos ayuda, sino, también, con respecto a los hechos, los eventos y el dolor emocional experimentado. Debemos ser transparentes.

Si no somos honestos con nuestra red de confidentes, entonces la sanidad completa no vendrá. Si no podemos encontrar el problema ni estamos dispuestos a buscarlo, es imposible solucionarlo. Debemos ser completamente honestos con nosotros mismos, con Dios y con aquellos en quienes confiamos.

Dime con quién andas...

Si en serio desea experimentar nueva vida y obtener *el poder de Dios para cambiar,* debe estar listo para hacer concesiones. Debe estar listo para hacer los sacrificios necesarios y cortar esos elementos que lo descarrilan.

Digamos que su casa se construyó en los años setenta, y que los contratistas usaron materiales tóxicos. Si supiera que el material le producirá cáncer, ¿qué haría? Si quisiera vivir, se mudaría transitoriamente y contrataría una compañía para sacar todos los materiales riesgosos. Cuando su casa fuera segura, podría instalarse otra vez.

Muchas veces las personas con las que nos asociamos en una base regular no buscan lo mejor para nuestras vidas. De hecho, son como materiales tóxicos. Nuestra mera asociación con ellos causa que el cáncer empiece a desarrollarse dentro de nosotros, hablando figuradamente. Animan conductas perjudiciales que llevan a una autodestrucción descontrolada. En algún momento en nuestras vidas podemos oír las siguientes frases:

–"Oye, lo que tú necesitas es un trago... o varios".

O quizás: –"Déjame que te dé unas drogas". –"Vamos, sé infiel a tu esposa. Ella nunca lo sabrá". –"Tu marido siempre está afuera. ¿Qué pretende él de ti... que te quedes sentada esperándolo? Una pequeña aventura no herirá a nadie y le dará un poco de sabor a tu vida".

Cualquiera que lo anima a que busque alguna sustancia en lugar de la sobriedad o una aventura en lugar de la fidelidad, debe ser degradado de un "amigo" a un "conocido".

Si el refrán "Dime con quién andas y te diré quién eres" es cierto, entonces debemos buscar amigos que nos ayuden a subir y no que nos hagan descender. Debemos buscar amigos saludables, no que promuevan destrucción en nuestras vidas. Igual a una bandada de pájaros, solo puede volar al paso del pájaro más lento. Por consiguiente, los amigos con quienes se rodea lo animarán a una vida piadosa o lo distraerán de vivir este tipo de vida. Solo podrá volar al paso del pájaro más lento en su bandada.

Por eso es que la Biblia dice en 2 Corintios 6:14-18: *"No formen yunta con los incrédulos. ¿Qué tienen en común la justicia y la maldad? ¿O qué comunión puede tener la luz con la oscuridad? ¿Qué armonía tiene Cristo con el diablo? ¿Qué tiene en común un creyente con un incrédulo? ¿En qué concuerdan el templo de Dios y los ídolos? Porque nosotros somos templo del Dios viviente. Como él ha dicho: Viviré con ellos y andaré entre ellos; yo seré su Dios, y ellos serán mi pueblo. Por tanto, el Señor añade: Salgan de en medio de ellos y apártense. No toquen nada impuro, y yo los recibiré. Seré para ustedes un Padre, y ustedes serán mis hijos y mis hijas, dice el Señor Todopoderoso".* Habrá quienes se resistirán a los cambios que usted abraza. Si animan su vida recién encontrada, acéptelos. Si intentan persuadirlo a volver a las viejas rutinas de autodestrucción, sería mejor separarse de tales relaciones. No merecen su amistad porque buscan arrastrarlo de vuelta a la destrucción. Como dije en un capítulo anterior, por ejemplo, si ha luchado con la adicción a la droga, empiece a ser selectivo acerca de los amigos con quienes pasa su tiempo. En la mayoría, si no en todos los casos, sería mejor cortar toda amistad relacionada con las drogas. Lo mismo puede decirse acerca de las relaciones que se centran alrededor de cualquier sustancia o conducta abusiva.

~

Vamos al grano

¿Recuerda la ilustración que usé en el capítulo uno sobre la persona que tenía el mejor asiento en el estadio para mirar el partido? La persona estaba situada aproximadamente veinte filas atrás de la primera y tenía una gran perspectiva con relación a la altura y profundidad del campo. Se sentó en la sombra para que el Sol no afectara su visión. Su asiento estaba perfectamente centrado entre los dos arcos. Entonces, cuando el juego comenzó, se colocó un anteojo opaco, lo que le impedía ver. Todo lo que podía oír era el rugido de la muchedumbre a medida que un equipo se acercaba al arco del equipo contrario. Esta persona nunca podría disfrutar el juego. No podría ver nada. ¡Su percepción del juego sería oscura, confusa y por momentos ruidosa!

Un amigo de confianza se acercaría después de treinta segundos y le diría:

—"Pero ¿qué estás haciendo? ¿Te has vuelto loco? Quítate esos anteojos para que puedas disfrutar el partido. ¡Hemos pagado demasiado dinero para que desperdicies toda esta experiencia".

O tal vez diría:

—"Oye, ¡quítate esos anteojos! ¡Te estás perdiendo el juego!"

Desde 1996 he corrido cinco veces por semana. Mi colesterol y la presión sanguínea estaban un poco altos, así que el doctor me dio dos opciones. Podría tomar medicamentos para ambas. O tendría que bajar de peso, hacer ejercicio y comenzar a comer bien. Opté por la segunda. Como resultado de comer en forma saludable y ejercitarme, perdí cerca de veintisiete kilos. Mis amigos me dijeron que apenas me reconocían. Es verdad. Mi cuerpo cambió bastante.

Por los primeros dos años mis amigos nunca me preguntaron cómo logré mi meta. Sin embargo, después de tres años, todos querían conocer mi régimen. Yo tenía innumerable cantidad de personas que querían correr conmigo cada mañana. Las personas me pidieron que les escribiera mi dieta. Incluso mi doctor quiso saber cómo lo hice. Mi colesterol bajó de doscientos noventa y siete a ciento ochenta. Mi presión sanguínea se normalizó. De las treinta personas que se me habían acercado preguntando si podían hacer ejercicio conmigo, algunos lo han intentado con éxito una o dos veces. Solo uno ha permanecido por más de un año y medio, mi pastor.

Raúl Vargas es un personaje interesante, para decir poco. Es uno de mis mejores amigos en el ministerio y un gran hombre de fe. Ha sido una gran inspiración para mí. Pero cuando vino y me dijo:

—"Quiero correr contigo", le contesté:

—"Muy bien. Pero yo marco el paso y determino la ruta que

tomamos. Puedes hablar conmigo todo lo que quieras, pero no nos detendremos a hablar con conocidos a lo largo del camino".

Cuando corro, no me detengo a hablar con nadie, a menos que sea una emergencia. Esto no es un evento social, no es un tiempo para ir bromeando. El correr, para mí, es una póliza de seguro que me compra más tiempo con mis hijas, nietos –cuando los tengamos– y bisnietos.

Le dejé eso claro a Raúl cuando comenzamos a correr juntos. A veces él sugirió otras rutas u horarios y le respondí:

–"No hay problema, correré solo".

En otras palabras, he insistido en que volemos hacia arriba y no hacia abajo. La meta de nuestro tiempo de ejercicio es empujar al otro hacia un mejor acondicionamiento. Nuestra relación se ha fortalecido como resultado de correr juntos. No obstante, no puedo detenerlo, ni él puede detenerme. Necesitamos animarnos a comer mejor y ejercitar nuestros cuerpos más eficazmente. Al mismo tiempo, él me anima, como mi pastor, a correr la buena carrera con Cristo. De la misma manera que lo desafié a correr más rápidamente, él me desafía espiritualmente.

A medida que escoge las relaciones que lo rodean y lo guían a través de la vida, a medida que elige un grupo de individuos de confianza que será transparente con usted, a medida que selecciona a los amigos y familia a quienes puede rendirles cuentas, su vida se centra correctamente. Escoja relaciones que saquen lo mejor en usted y lo lleven hacia una mejor relación con Dios, con su familia y amigos. Escoja relaciones que lo obliguen a correr más eficazmente, volar hacia arriba y dirigirse hacia Dios.

Este es el deseo de Dios para su vida. Use ese enfoque. Bendecirá su vida más allá de lo que pueda creer.

El enfoque celestial

El enfoque de Dios hacia estos temas es distinto. Su objetivo para nosotros, cuando somos atrapados en los patrones de destrucción, es restaurarnos a una comunión con Él, a una vida mental y emocional saludable, y a una relación sana con nuestros amigos y familia. Santiago 5:16 dice: *"Por eso, confiésense unos a otros sus pecados, y oren unos por otros, para que sean sanados. La oración del justo es poderosa y eficaz"*.

Dios entiende la importancia de confiar en otros, orar por otros y confesar pecados a otros.

Este es el quinto paso en el *poder para cambiar*: formar una red de amigos para que la rendición de cuentas pueda reforzar el trabajo que Dios ha hecho en cada vida. Esto significa que confesamos nuestros pecados unos a nosotros y oramos unos por otros. Abrimos nuestro corazón y nos apoyamos mientras hacen lo mismo con nosotros.

Nuestra interdependencia con otros es completamente bíblica. Note cómo Pablo hace una analogía que equipara la rendición de cuentas a un cuerpo humano. Sugiere que no podemos vivir la vida sin otros. Dice en 1 Corintios 12:12-27: *"De hecho, aunque el cuerpo es uno solo, tiene muchos miembros, y todos los miembros, no obstante ser muchos, forman un solo cuerpo. Así sucede con Cristo. Todos fuimos bautizados por un solo Espíritu para constituir un solo cuerpo –ya seamos judíos o gentiles, esclavos o libres–, y a todos se nos dio a beber de un mismo Espíritu.*

Ahora bien, el cuerpo no consta de un solo miembro sino de muchos. Si el pie dijera: Como no soy mano, no soy del cuerpo, no por eso dejaría de ser parte del cuerpo. Y si la oreja dijera: Como no soy ojo, no soy del cuerpo, no por eso dejaría de ser parte del cuerpo.

Si todo el cuerpo fuera ojo, ¿qué sería del oído? Si todo el cuerpo fuera oído, ¿qué sería del olfato?

En realidad, Dios colocó cada miembro del cuerpo como mejor le pareció. Si todos ellos fueran un solo miembro, ¿qué sería del cuerpo?

Lo cierto es que hay muchos miembros, pero el cuerpo es uno solo. El ojo no puede decirle a la mano: No te necesito. Ni puede la cabeza decirles a los pies: No los necesito.

Al contrario, los miembros del cuerpo que parecen más débiles son indispensables, y a los que nos parecen menos honrosos los tratamos con honra especial. Y se les trata con especial modestia a los miembros que nos parecen menos presentables, mientras que los más presentables no requieren trato especial. Así Dios ha dispuesto los miembros de nuestro cuerpo, dando mayor honra a los que menos tenían, a fin de que no haya división en el cuerpo, sino que sus miembros se preocupen por igual unos por otros. Si uno de los miembros sufre, los demás comparten su sufrimiento; y si uno de ellos recibe honor, los demás se alegran con él. Ahora bien, ustedes son el cuerpo de Cristo, y cada uno es miembro de ese cuerpo."

La confesión es buena para el alma

El apóstol Juan dice en 1 Juan 1:9: *"Si confesamos nuestros pecados, Dios, que es fiel y justo, nos los perdonará y nos limpiará de toda maldad".*

Debido a los errores que había cometido, necesité confesar mis pecados y hacerme vulnerable ante mis amigos en Cristo. Esta vulnerabilidad, aunque suene atemorizante, es una de las herramientas más poderosas que Dios usa para traer sanidad y paz en nuestras vidas. Empezamos a experimentar normalidad y aceptación acerca de quiénes somos. Una carga es levantada de sobre nuestros hombros. El pasado ha sido expuesto, pero perdonado. Reconocemos que no somos los únicos que han sufrido. No somos los únicos que han lidiado con situaciones fuertes. Nos damos cuenta que todos tenemos dolores en la vida, que es normal tener problemas. Para mí fue muy refrescante contar mi historia y tener personas que, mirándome a los ojos, me decían que fueron impactados por ella.

Ellos se habían sentido solos, pero después comprendieron que era normal luchar. Todos tenemos problemas. Todos tenemos un pasado. Cuando empecé a abrirme así, descubrí que nadie se había reído, burlado, ni hablado calumnias a mi espalda. Me sentí aceptado, animado y –lo más importante– normal. Recíprocamente, cuando oí las historias y experiencias de otros, también fui ilustrado acerca del simple hecho de que era humano. El proceso de compartir nuestras debilidades y luchas unos con otros colocó un fundamento firme para la sanidad de Dios en mi vida.

Por aproximadamente seis meses fui parte de un pequeño grupo compuesto de cristianos que venían de una disfuncionalidad similar en sus hogares. También habían luchado. Pero en lugar de preocuparnos por lo que otros pensaran, expresamos sin inhibiciones las situaciones que experimentábamos. Operamos bajo un acuerdo de confidencialidad que nos prohibía a todos tomar la información compartida y transmitirla fuera de las paredes de nuestro lugar de reunión. Esto trajo seguridad y confianza en nuestras reuniones, además de una atmósfera de apertura y franqueza. El abrirnos así y reunirnos regularmente nos ayudó a solidificar la rendición de cuentas y la confianza. Lo más importante, solidificó el proceso sanador de Dios en nosotros.

Sin importar si escogemos reunirnos con un grupo pequeño o simplemente con un grupo de amigos en una base informal, tenemos que aceptar rendir cuentas a alguien en forma regular. Sin este tipo de responsabilidad uno puede fácilmente resbalarse de nuevo en los modelos de autodestrucción en los que nos encontrábamos.

Con una nota de precaución me gustaría darle un consejo muy importante. Si usted no está en un grupo que resguarda un acuerdo de confidencialidad, es necesario que tenga un sentido de confianza hacia las personas con las que trata. En otras palabras, necesita sentirse seguro que lo que dice cuando abre su corazón va a ser bien cuidado y no se repetirá. A pesar de que necesitamos confiar unos en otros, será necesario tener cautela y pensar a quién le daremos información íntima. No necesitamos especificar detalles grotescos, mientras que al mismo tiempo expresamos la verdad en palabras honestas. Por ejemplo, uno no necesita decir: "Yo solía venderle drogas a fulano de tal, el político". Sería mejor decir: "Les vendía narcóticos a todo tipo de personas en nuestra comunidad".

Cualquiera es capaz de descifrar las implicaciones finales de esta información, pero aún así no ha dado a conocer los detalles grotescos de sus errores, ni ha implicado a otros. En un contexto grupal, las personas necesitan ser honestas con respecto al hecho de que son seres humanos. Los íntimos detalles de los errores han de ser confesados a Dios y quizás con un consejero.

No es necesario, ni aconsejable, exponer profundamente a un grupo los errores cometidos o los detalles copiosos del dolor experimentado.

Estas son las pautas que uso cuando relato mi vida a otros. Ante Dios, cuento todo y cada uno de los detalles de mi existencia. Es decir, nada debe ser escondido.

Si no puedo ser honesto con Dios, entonces le miento a Él y a mí mismo. Ante un consejero, soy totalmente claro y exacto acerca de mis experiencias de dolor, y contesto sus preguntas tan exactamente como cognoscitiva y emocionalmente sea posible. Si no, simplemente es una pérdida de tiempo y dinero. Con mi esposa, siento la libertad para relatarlo todo.

Sin embargo, ante un grupo, necesito expresar el hecho de que soy humano, que lucho. Uso palabras que describen, pero no me sumerjo en los grotescos detalles ensangrentados de estos eventos. Con todos y todo, en cualquier fase de apertura uno necesita ejercitar la sabiduría y pedirle a Dios que lo guíe.

Abrirse puede ser arriesgado en momentos, pero cuando se hace con sabiduría, puede destruir uno de los atributos más poderosos de Satanás: mantener todo en secreto.

Debido a los errores que yo tuve en mi vida, pensé que las personas que me conocían hablarían de mí a mis espaldas. Sentía que muchos dirían: "Ah, tú debiste haber conocido a ese tipo hace solo un par de años!" O quizás: "Puedo decirte algunas cosas que te asustarían acerca de Jason Frenn". O mejor todavía: "¿Él se llama un cristiano ahora...? ¿De nuevo?" Aún ante los temores, el Señor me animó que empezara a hablar acerca de estas situaciones desde el púlpito. No describí ninguno de los detalles feos, pero sí las luchas de mi pasado, el dolor y el hecho de que había cometido errores. Intenté enfatizar que, como la mayoría, soy humano y he luchado como un cristiano. Usted puede preguntarme: "¿Por qué dice todo eso?" Respondería con dos justificaciones fuertes.

Primero, hemos aprendido de muchas personas famosas que han intentado guardar secretos sobre el pecado en sus vidas. Algunos continuaron en su autodestrucción, mientras se negaban a lidiar con sus problemas. Otros habían corregido su conducta, pero aún así intentaron ocultar sus malos procederes anteriores. O quizás no querían descubrir sus fracasos por temor a las consecuencias. Muchos fallaron y, por lo tanto, fueron avergonzados por lo que dijeron chismosos o quizás los medios de comunicación. Muchos perdieron sus trabajos, profesiones y ministerios.

Por consiguiente, creo que es necesario ser honestos acerca de nuestras luchas. Esto nos ayuda a evitar conflictos futuros con aquellos que desean hacernos daño.

Empecé a contar cosas de mi vida como un testimonio del amor y perdón de Dios. Hice énfasis en el hecho de que la parte de mi testimonio consistía en el trabajo que Dios hacía en mi vida como un cristiano. Dije que luchaba igual, sino aún más ahora como cristiano. Igual que necesité a Cristo cuando tenía quince años, hoy lo necesito todos los días en mi vida. Esto me permitió que ministrara a muchas personas que sufrían de culpabilidad. Permitió al Espíritu Santo moverse y tocar los corazones de muchos cristianos heridos, así como aquellos que no habían llegado a conocerlo todavía.

La verdad es que Dios desea tocar no solo al pecador dolido, sino también al cristiano que ha luchado profundamente y quizás ha hecho peores cosas como creyente, que lo que hizo antes de serlo.

En segundo lugar, sin comprenderlo en el momento, al descubrir mis luchas, estas me ayudaron a lograr algo más. Hoy nadie puede acusarme de guardar secretos, ni de mentirle al público o a las personas de la iglesia. Nadie puede decir que pretendí ser algo que no era. He intentado, con lo mejor de mi habilidad, confesar y descubrir mi vida a mis amigos, al público y a la iglesia.

Al ser honesto saqué muchos de los armamentos del arsenal del enemigo. Por esta razón puedo respirar más fácilmente. No tengo nada que esconder. No cargo culpas. Mi carga se ha ido. He salido limpio. Si cualquiera decide juzgarme por los errores que he hecho en mi vida, él o ella tendrá que estar de pie ante Dios en juicio y dar cuenta de sus acciones. El chismoso, en este caso será expuesto por lo que es: un instrumento de Satanás.

Una persona que es abierta tira abajo las paredes que el enemigo ha construido y abre los corazones de otros alrededor de ella. Más del 60% de la población vive o ha estado estrechamente asociado con un adicto. El 60% de las personas que han tenido uno o ambos padres alcohólicos se convierten ellos mismos en alcohólicos. La tasa de divorcios alrededor del mundo ronda aproximadamente el 50%.

Con estas estadísticas no toma mucho tiempo darse cuenta de que hay un alto porcentaje de personas alrededor de nosotros que han sido tocadas, en una forma u otra, por una o más de estas iniquidades. Ser transparente acerca de sus luchas le ayudará a muchos a reconocer las enfermedades en su vida y se volverán a Dios para sanidad. Si usted puede extender la mano a aquellos en su vida, con honestidad, y ser vulnerable acerca de quién es, entonces las personas podrán ver la iniquidad en sus propias vidas.

El bombero desnudo

En Nochebuena de 2003 pasamos un tiempo maravilloso como familia en Costa Rica. Encendimos velas a lo largo de la sala y el centelleo blanco de las luces de Navidad agregó un lindo toque hogareño a un tiempo lleno de significado. Cocinamos un pavo de cinco kilos, lo rebanamos y comimos alrededor de la mesa en la sala al lado del árbol de Navidad. Después de leer la historia del nacimiento de Jesús en Lucas 2, vimos la película *"Mi pobre angelito"*. Antes de que todos se acostaran, apagué las velas de la sala y me retiré a mi alcoba.

El día de Navidad salí en la mañana a correr. Después, salté a la ducha, porque íbamos a reunirnos junto con otra familia al mediodía. Salí de la ducha y me sequé; luego envolví la toalla alrededor de mi cintura y me dirigí a mi cuarto. En ese momento mi hija mayor, Celina, gritó desde el otro extremo de la casa:

–"¡Mamá! ¡Papá! ¡Vengan aquí, rápido!"

Pude notar por el tono de su voz que algo urgente estaba pasando. Ella dijo: –"¡Vengan rápido! ¡Hay fuego en la sala!"

Mi peor temor era que el árbol de Navidad se hubiera incendiado y que la mitad de la sala estuviera ardiendo. El techo acústico en la sala estaba hecho de madera con vigas de apoyo. Pensé que la cosa más terrible había ocurrido. Con la toalla envuelta alrededor de mi cintura, me dirigí a responder la llamada de auxilio. Corrí a través del pasillo y noté humo que entraba rápidamente en el vestíbulo. Doblé la esquina y entré en la sala.

Donde una vela había sido colocada en un candelero de pared, había una llama de cincuenta centímetros que subía por la pared. Al parecer, la noche anterior pensamos que todas las velas se habían apagado. Pero, de hecho, no todas se habían extinguido. Una vela tenía una diminuta llama que casi no emitía luz. La candela permaneció encendida toda la noche hasta la mañana de Navidad. Finalmente, la vela se deshizo en dos y una gota de cera salpicó fuera del candelero. La llama en la mecha alcanzó la guirnalda y nació el fuego.

La vela se había acabado y la guirnalda que estaba envuelta alrededor de la base del candelero estaba ardiendo. A medida que la llama subía por la pared, se dirigía hacia la guirnalda que envolvía los postes de la cortina, así como a las cortinas. Estaban a treinta centímetros de distancia de encenderse. Me acerqué al fuego, busqué algo cerca que pudiera usar para extinguir el fuego. No vi nada.

Fue entonces cuando recordé que llevaba puesta una toalla húmeda. Así que me arranqué la toalla, exponiéndome completamente a los elementos, y empecé a dar de golpes contra la llama. Después de tres o cuatro golpes, el fuego se extinguió. Nada más que humo se levantaba del candelero, y allí estaba yo... completamente desnudo. Me di vuelta, y mis tres niñas tenían sus caras cubiertas.

Me dije a mí mismo: "Bueno, mis niñas van a necesitar terapia después de esto".

Les dije: –"Niñas, cierren sus ojos... papito tiene que ponerse un poco de ropa".

Nunca he visto un bombero desnudo antes y espero nunca ser uno otra vez.

Al parecer, yo había apagado todas las velas excepto una. Era una candela de siete centímetros de grosor que colgaba a la altura de los ojos. Tenía una muy pequeña llama justo en el centro de la vela. La noche anterior no vi ninguna luz emanando de en medio de la cera. Era una llama muy pequeña. Era un problema muy pequeño y no detectado, que se alimentó durante toda la noche.

Una lección muy importante destaca esta experiencia. Si no hubiera sido por mi hija que caminó por la sala en el momento justo, la casa entera podría haberse quemado por completo. Habíamos fijado salir de la casa quince minutos después. ¿Qué hubiera pasado si el fuego se hubiera iniciado treinta minutos más tarde? ¿Qué hubiera pasado si el fuego hubiera empeorado durante la noche, mientras estábamos durmiendo? Los ojos de mi hija y el momento preciso de reacción hizo la diferencia. Ella vio cosas que nunca vi. Ella me alarmó, previó un desastre inminente. Sin su alerta, nuestras vidas habrían cambiado para siempre.

~

Cómo hacerlo

Reconozcamos que los tiempos han cambiado, y que las manifestaciones obvias de los patrones de autodestrucción que se pasan de una generación a la siguiente se han vuelto más comunes hoy que antes. Las personas necesitan más guía y educación para entender los patrones de autodestrucción que Satanás ha usado para atar a su familia en particular. No importa el trasfondo, tan bueno como puede ser, cristiano o no cristiano, las personas todavía quedan atrapadas en las redes de los modelos generacionales destructivos.

Por esa razón, necesitamos más apoyo. Necesitamos llamar refuerzos. Vamos a ver cómo se hace esto.

Eche una mirada alrededor. Encuentre personas que tengan un carácter moral bueno, personas que ya están en su vida. Busque a alguien que sea de su misma fe y que desee lo mejor para usted. No haga de la inteligencia un requisito previo. Usted no va a querer del mismo modo a personas inteligentes como a personas sabias. La sabiduría es un requisito previo para las personas que quiere que lo rodeen. Lo más seguro es que Dios ya ha colocado algunos de los individuos correctos en su lugar de trabajo, escuela o barrio. Pueden ser un miembro de la familia, o dos, que le sirvan en un grupo de rendición de cuentas.

Aparte de las personas en su contexto inmediato, la iglesia puede ser una excelente fuente de individuos que pueden apoyarlo. Estas son personas de la misma fe. Espiritualmente, tienen metas similares. Quieren crecer en Cristo. Quieren continuar solidificando su relación con Dios. Entienden la importancia de la rendición de cuentas. De manera más importante, entienden qué puede hacer el pecado oculto en la vida.

Tome un pedazo de papel y empiece a anotar los nombres de individuos que cumplen con los criterios anteriores. Piense en sus familiares y en los amigos de la misma fe. Piense en las personas que admira. Pregúntese por qué los admira.

Yo empezaría a apuntar cada nombre, comenzando con personas de su mismo sexo. Depende en donde esté en el proceso, podría querer reunirse solo con mujeres, si usted es una mujer, o solo con hombres, si es un hombre. A veces, los del mismo sexo entienden mejor que nadie los problemas que confrontan. Más aún, los grupos de rendición de cuentas compuestos por personas del mismo sexo eliminan la posibilidad de que las personas que tienen necesidades emocionales profundas se unan emocionalmente a los del otro sexo.

Con todos y todo, está reuniendo una junta directiva para ayudarle a manejar la compañía más importante en el mundo: su vida. No hablo de reunir un grupo formal que se encuentran siempre una vez a la semana. Hablo de rodearse con personas que invertirán en su vida en forma regular. Me refiero a las personas que pueden ayudarlo a llevar la carga. Por consiguiente, escoja su equipo y someta su progreso a ellos. Dios lo honrará por eso.

Eso es lo que quiere decir en Efesios 5:15-21: *"Así que tengan cuidado de su manera de vivir. No vivan como necios sino como sabios, aprovechando al máximo cada momento oportuno, porque los días son malos. Por tanto, no sean insensatos, sino entiendan cuál es la voluntad del Señor. No se emborrachen con vino, que lleva al desenfreno. Al contrario, sean llenos del Espíritu. Anímense unos a otros con salmos, himnos y canciones espirituales. Canten y alaben al Señor con el corazón, dando siempre gracias a Dios el Padre por todo, en el nombre de nuestro Señor Jesucristo. Sométanse unos a otros, por reverencia a Cristo".*

Hebreos 13:16-17 dice: *"No se olviden de hacer el bien y de compartir con otros lo que tienen, porque esos son los sacrificios que agradan a Dios. Obedezcan a sus dirigentes y sométanse a ellos, pues cuidan de ustedes como quienes tienen que rendir cuentas. Obedézcanlos a fin de que ellos cumplan su tarea con alegría y sin quejarse, pues el quejarse no les trae ningún provecho".*

A medida que intenta congregar un equipo de amigos confiables, si encuentra difícil pensar en alguien, deténgase y pídale a Dios su guía. Recuerde, esta es la voluntad de Dios para su vida. Nadie quiere que usted viva una vida bendecida más que Él. Dios desea que camine en victoria y armonía. Por consiguiente, pídale ayuda. Pídale que le traiga personas a su mente, Él vendrá en su ayuda.

Dios no lo rescató del río para que se ahogue en el mar. Dios le ayudará a terminar el trabajo.

Cuando contacte a estos individuos, dígales que le ha dado vuelta a una hoja en su vida. Las cosas van bien, pero le gustaría volver a estar en contacto de vez en cuando. Usted tiene una nueva meta: vivir una vida más saludable física, emocional y espiritualmente. Dígales que de vez en cuando quiere conversar con ellos sobre las situaciones que enfrenta. No es nada formal, pero quiere darles libertad para inquirir y ayudar. Ustedes podrían reunirse como un grupo o de uno en uno. Eso depende de usted.

Cuando se reúna con ellos, hable de su nueva misión en la vida. Diga de dónde ha venido, dónde va y lo que quiere evitar en el futuro. Recuerde que esto no es nada formal. Puede ir a un restaurante, cafetería, centro comercial o parque. Al final, encuentre un lugar donde puedan orar sobre las cosas que hablaron. Dios lo bendecirá a medida que usted refuerce las relaciones en su vida y se someta a aquellos que lo escuchen y le presten una mano amiga.

Al concluir este capítulo me gustaría dejarle un testimonio final.

Mi mamá ha sufrido muchas luchas y dificultades en su vida. Mis dos padres tienen un gran sentido del humor. Pienso que heredé algo de eso. Aún así, mi mamá viajó a través de las aguas oscuras de la depresión durante el principio de los años noventa. Ella sobrevivió la muerte de su esposo, y como viuda vivió sola durante muchos años. Puedo decir honestamente que de todos los cinco pasos sugeridos en este libro, ella no ha sido negligente en ninguno, sobre todo en este.

Mi madre ha hecho un excelente trabajo al establecer relaciones en la iglesia que han ayudado a su crecimiento espiritual. Han sido una fuente de aliento, en lugar de tirarla abajo. En un momento cuando pudo haber sido muy fácil correr y esconderse, o no permitirle la entrada a nadie, ella decidió mirarse en el espejo y buscar ayuda afuera. Buscó la ayuda de Dios. Empezó leyendo la Biblia y orando. Comenzó a asistir a una iglesia local. Por último ha establecido relaciones saludables con personas de la misma fe.

Nos asociamos con Dios, y Él ha transformado a una familia que antes luchaba con la iniquidad. Era una iniquidad alineada para ser pasada de una generación a la siguiente. No se habría deshecho por lo menos por las próximas tres o cuatro generaciones. En lugar de eso, el Señor nos transformó en una familia bendita que transmitirá las bendiciones de Dios a mil generaciones de aquellos que lo aman y guardan sus mandamientos.

Si nuestra familia pudo superar los modelos destructivos que se pasan de una generación a la siguiente, si pudo experimentar el poder libertador de la mano de Cristo, y si logró superar las cadenas de atadura, entonces solo imagine lo que Dios puede hacer en su vida. Imagine lo que Él puede hacer en su familia. Piense lo que Él puede hacer en su matrimonio o con sus hijos e hijas. Considere las posibilidades y el potencial que Dios le ha dado. Usted es la niña de sus ojos, y Él lo apoya. Ese es su deseo para usted y para su familia. Esta es su palabra para usted al cerrar este capítulo.

Una vez más, concluiremos con una corta oración. Para este momento, entienda lo importante que es la oración a medida que nos extendemos hacia Dios para ser transformados. Juntos le pediremos dirección a Dios, para que nuestras vidas sean rodeadas por las personas correctas que pueden ayudarnos con este último paso:

"Señor, te agradezco que me ames tanto. Comprendo qué afortunado soy de verdad. A ti te importa profundamente mi vida y quieres que me mantenga en curso. No es tu voluntad que me pierda. Así que te pido que me ayudes a encontrar los amigos correctos y las personas en las que pueda confiar. Permite que un grupo de asociados confiables me ayude a mantener mis ojos en la brújula. Siempre que me desvíe fuera de curso, que me den el consejo necesario para que no caiga de nuevo en los patrones autodestructivos. Ayúdame a encontrar a las personas correctas que has destinado para mi vida. Necesito tu dirección y sabiduría para escoger una red de amigos que puedan ser el apoyo saludable para cambiar. Te pido que me ayudes a ver con tus ojos y oír con tus oídos. Te pido que me des la mente de Cristo y tu sabiduría en todas las cosas. Te entrego mi vida y te pido esto en el precioso nombre de Cristo, amén."

"EL QUE TENGA OÍDOS para oír, QUE OIGA"

Recientemente un amigo me envió un correo electrónico en el que menciona un estudio muy interesante que se realizó hace unos cuarenta años en la Universidad de Yale. Se llevó a cabo una investigación sobre dos individuos y sus descendientes. Aparentemente, el estudio se enfocaba en los efectos que las vidas de estos dos hombres tuvieron en sus hijos y en las generaciones posteriores. Los dos hombres eran contemporáneos y vivían en Nueva York.

Uno de ellos no creía en Dios y fomentó una vida de sexo libre, sin leyes ni responsabilidades. El segundo hombre era reconocido como una persona disciplinada. Llegó a ser predicador con un ejemplo impactante. A lo largo de su vida escribió varios libros y predicó a gran cantidad de personas. Lo más importante es que decidió tener compañerismo con Dios y en sus decisiones se reflejaba el resultado de esa relación. Se casó con una mujer de profundas convicciones espirituales y comprometida con Dios.

Los resultados de los valores de estos dos hombres sobre sus descendientes hablan por sí mismos. El primer hombre tuvo mil veintiséis descendientes de los cuales trescientos fueron convictos, ciento noventa prostitutas, veintisiete asesinos y quinientos nueve llegaron a ser adictos al alcohol y las drogas. A la fecha, sus descendientes le han costado al Estado de Nueva York la suma de 1,2 millones de dólares.

Por otro lado, el segundo hombre tuvo novecientos veintinueve descendientes entre los que se encuentran cuatrocientos treinta ministros, trescientos catorce veteranos de guerra, setenta y cinco escritores, ochenta y seis profesores, doce presidentes de universidades, siete congresistas, tres gobernadores y un vicepresidente de los Estados Unidos de América.

De estos dos hombres, uno de ellos entró en compañerismo con Dios, el otro lo rechazó. Uno promovió descendientes que modelaron a la sociedad, el otro le impuso una carga a la sociedad. Uno escogió una vida de disciplina, el otro una de libertinaje. Uno caminó en la bendición de Dios, el otro caminó en autodestrucción.

Hay una lección que aprender en cuanto a cómo nuestras vidas afectan las generaciones futuras. Si escogemos dar lugar a sustancias nocivas –alcohol, otras drogas, etc.– al libertinaje y a toda una vida indiferente a las leyes de Dios, esto se convertirá en idolatría. Inherentemente, pasaremos esas prácticas y sus consecuencias a la siguiente generación. Si caemos en los patrones de autodestrucción, no seremos los únicos en sufrir; nuestras generaciones futuras también sufrirán.

En el Nuevo Testamento Jesús mencionó más de veinte veces la siguiente frase: *"El que tenga oídos para oír, que oiga"*. Esta frase fue usada por Él repetidamente en tres de los cuatro evangelios. ¿Por qué? Porque quiere captar nuestra atención justo antes de decirnos algo de gran importancia. Es una señal de advertencia que dice: "¡Escuchen, pongan atención!" Lo que voy a decir es de suma importancia. Por lo tanto, *"el que tenga oídos para oír, que oiga"*.

El mensaje que Dios quiere transmitir a través de este libro es simple: una vida de compañerismo con Dios es una vida bendecida y prosperada. Una vida sin Él está plagada de autodestrucción, soledad, depresión y alienación. Una vida acorde a las leyes espirituales de Dios producirá bendición a la familia por miles de generaciones. Una vida llena de idolatría producirá desastres emocionales y espirituales que contagiarán a las generaciones futuras.

Jonathan Edwards fue el segundo hombre de la ilustración antes mencionada. Fue un hombre que marcó una diferencia con su vida. En lugar de producir drogadictos, antisociales y delincuentes, hizo de su familia discípulos de Cristo, formó profesores, servidores públicos, ministros, presidentes de universidades y escritores. Edwards dejó tras de sí una gran herencia que hoy continúa.

A medida que usted reflexiona sobre su propia vida, contéstese: "¿Qué clase de herencia dejo detrás de mí?"

Si historiadores futuros escriben un libro sobre usted, ¿qué dirán? Si su vida fuese estudiada, ¿sería considerada una bendición para sus futuras generaciones? ¿Qué legado deja usted? ¿Qué transfiere a la siguiente generación?

He bosquejado pasos que lo guiarán a una vida libre de las cadenas que lo han ata a usted y a su familia. Si desea vivir la vida y no solamente sobrevivirla, los siguientes cinco pasos probarán ser una inversión fructífera.

~

Paso 1: La verdad los hará libres

Con el fin de que podamos dejar una gran herencia y poner en marcha una vida de bendición, debemos abrazar la lección más importante de nuestro viaje: la verdad. Esta es la piedra angular del *poder para cambiar* de Dios. La verdad es el fundamento sobre el cual construimos nuestras percepciones de santidad. Sin la verdad de Dios nuestras percepciones pueden estar mal orientadas, tergiversadas y deformadas. Es por este motivo que es imperativo que conozcamos la verdad sobre nosotros mismos y las consecuencias de nuestras acciones.

Nuestras percepciones serán más claras cuando abracemos la verdad. Las percepciones claras basadas en la verdad de Dios son la clave para hallar libertad, paz y vida. Es por eso que Jesús enfatiza cómo la verdad nos hará libres, tal y cómo es propio de sus discípulos. Juan 8:31b-32 dice: *"Si se mantienen fieles a mis enseñanzas, serán realmente mis discípulos; y conocerán la verdad, y la verdad los hará libres"*.

El ser un discípulo de Cristo, en esencia, es como quitar el anteojo opaco de nuestra cara para que podamos ver con precisión. Sus enseñanzas nos guían a una clara verdad de cuál es la realidad de las cosas y qué necesitamos hacer con el fin de realizar el cambio. Su verdad nos lleva de patrones destructivos de autodecepción hacia una vida en la que nos vemos, a nosotros mismos y al mundo que nos rodea, con claridad.

Lo que antes fue oscuro y confuso se torna lúcido y obvio. Mientras las nubes se desvanecen y las cosas se ven más claras, Dios extiende su mano y nos provee un camino para salir de nuestros patrones de destrucción.

~

Tocar fondo

Cuando tenía cerca de tres años de edad, mi mamá me llevó al Lago Malibú, al sur de California. En horas de la tarde algunos de sus amigos se nos unieron para una aventura bajo el Sol. El lago era pequeño pero estaba rodeado de muchas casas lujosas. Muchas de las estrellas de cine de Hollywood vivían en esa área.

Acampamos cerca de un pequeño muelle que desde la orilla se extendía sobre el lago. Mi mamá me había advertido de no ir solo a ese muelle. Sin embargo, yo estaba decidido a pescar desde él. Mientras mi mamá estaba distraída, salí y tomé una caña de pescar. No tenía carnada. No tenía señuelo. No tenía ni la más mínima idea de cómo pescar. Así que clavé la caña en el agua hasta la mitad, perdí el equilibrio y caí.Recuerdo que la sensación que tuve al ir cayendo fue como en cámara lenta. Nunca cerré mis ojos. Había una nube de algas verdes que invadían mi cara y reducían mi visibilidad a seis centímetros después de mi nariz. Eché un vistazo hacia arriba y noté la luz del cielo que lentamente iba disminuyendo a medida que me hundía hacia el fondo. Estaba desorientado y no podía hacer nada por solucionar la situación; sentía como si estuviera clavado en un pozo séptico verde y grasiento.

Me sobrecogió un sentimiento de temor porque no podía ver. Esa alga grasienta se fijó en mis ojos y no me permitía ver nada. Por algunos segundos todo estaba oscuro, para ser exacto, verde oscuro.

Una persona me vio caer al agua y pidió ayuda. La gente empezó a correr hacia el final del muelle.

Desde que era un bebé yo había estado cerca del océano. Sabía cómo nadar, así que nadar no era el problema. Había perdido por completo mi punto de referencia. Perdí la habilidad para descifrar hacia dónde era arriba o abajo, izquierda o derecha. Mis ojos y equilibrio habían sido lanzados a un completo delirio. Perdí mi sistema de navegación. Estaba desorientado. Estaba perdido. Ese era mi problema.

Lentamente, pero sin pausa, empecé a salir hacia la superficie. Eso es algo maravilloso en relación con el agua que, finalmente, o flota o es llevado hacia la orilla. Debido a que era un niño pequeño y gordito flotaba bastante bien. Después de unos largos diez segundos, mi cabecita y ojos azules de pronto salieron del agua. Finalmente recuperé mi orientación, aunque todavía no veía bien. Hice esfuerzos para respirar. Podía escuchar a la gente que gritaba:

—"¡Allí está, por allá!"

Pude mantener mi cabeza sobre la superficie sin ayuda, pero tenía que vencer un último obstáculo: no podía salir del agua. Mis brazos eran muy cortos para alcanzar el muelle. Yo estaba completamente vestido y lleno de agua. Mis ropas eran como una bola y cadena mojada. Allí estaba de nuevo estancado. Así que miré hacia arriba con desesperación en mis ojos: buscaba a alguien que me ayudara. Fue en ese momento que vi una mano que se extendía hacia mí.

Un amigo de mi mamá me extendió su brazo y me sujetó, me puso a salvo en el muelle. La verdad es que esa persona me salvó de ahogarme. Allí estuve con un chorro de agua brotando de mis ropas, sobre el muelle. Cerca de media docena de personas me observaban con una mirada perpleja y decían:

–"Debes ser el chico más afortunado del mundo. Pensamos que te habías perdido".

Paso 2: Una percepción correcta

De la misma manera que al caer a un lago lleno de algas, las personas pueden caer en patrones de autodestrucción y perder su orientación por completo. Muchos no están conscientes de que están perdidos. Siguen hundiéndose hasta tocar fondo. Las algas de la vida bloquean su visión. Al igual que un pequeño niño que se hunde hasta el fondo del lago, pierden su percepción. Lo que necesitan es la percepción de Dios, darse cuenta que el cambio no solo es necesario, sino posible. Allí es donde reside la batalla.

La mayoría de las personas reconocen que el cambio es importante, pero les es difícil creer que sea posible, especialmente si se sientan en el fondo del lago, ciegos y rodeados de agua.

A medida que aumenta la sensación de perder oxígeno, también aumenta nuestra ansiedad. En muchos casos, las personas se acercan a las drogas y al alcohol, cuando lo que deben hacer es acercarse a Dios y pedirle que cambie su percepción. Muchas modelos pierden su vida por causa de la anorexia. Muchos políticos pierden sus puestos de servicio público por la infidelidad conyugal. Muchos ejecutivos pierden su trabajo por el alcoholismo. Muchos atletas pierden sus carreras por el uso de drogas estimulantes. Asimismo, muchos jóvenes pierden sus vidas a causa de la violencia. Muchas celebridades pierden sus vidas al suicidarse. ¿Por qué? Cada uno de ellos se sentó sin aire en el fondo del lago. Cuando la ansiedad o la depresión los atraparon, se volvieron a algún tipo de idolatría para calmar el dolor. Estaban cegados por las algas que se fijaban a sus ojos, se sentían perdidos y completamente desorientados.

Cuando caemos en el lago de la vida y sentimos que nos ahogamos, necesitamos a Dios para que nos alcance y nos saque de allí. Es precisamente por eso que Jesús vino. Él vino para sacarnos del pozo en el cual vivimos y darnos vida eterna. Él vino para redimirnos del fango y de la autodestrucción que nos tienen atados a nosotros y a nuestras familias. Jesús se inclina sobre la orilla del muelle y extiende su mano hacia nosotros. Él está listo y dispuesto para sacarnos. Tomemos su mano, y Él nos levantará hacia sí mismo, hacia su seguridad.

Paso 3: Los hábitos correctos

Tal y como mencioné anteriormente, Jonathan Edwards marcó una diferencia con su vida. Transmitió las bendiciones de Dios a sus futuras generaciones. En lugar de abrazar el caos y el libertinaje, se sujetó a las leyes de Dios. Eso fue lo que marcó una diferencia en las vidas de miles que lo siguieron. Estoy seguro de que a casi todas las personas les gustaría dejar un legado como el de Edwards. Así que, ¿cómo podemos ir más allá de los locos círculos de autodestrucción, aquellos que pasamos de generación a generación?

Darnos cuenta de la fuente de nuestro caos y tratar con esta es simplemente el principio. El siguiente paso es poner en práctica los nuevos hábitos que reemplazan a los antiguos.

En 1996, en una comunidad llamada Los Cuadros, en Costa Rica, llevamos a cabo nuestra tercera cruzada al aire libre. El día antes de la actividad preparamos la plataforma, las luces y todo lo relacionado con la logística. Luego me fui a casa. El pastor puso a cinco personas para que vigilaran todo el equipo hasta el día siguiente.

Cerca de las 23:30 recibí una llamada telefónica que me despertó de un profundo sueño. Yo no me despierto con facilidad, así que difícilmente podía recordar la conversación; sin embargo, había algunas cosas de las que me acordaba. La persona que llamó era la esposa del pastor. Dijo:

–"Jason, ¿recuerda la plataforma que usted levantó aquí en Los Cuadros?" Contesté: –"Sí".

Dijo: –"¿Recuerda todos los cables eléctricos y la conexión eléctrica que se hizo al transformador?"

Contesté: –"...sí".

Dijo: –"¿Recuerda a los cinco guardas que cuidaban todo el equipo?" Contesté: –"Sí".

Comentó: –"¡Los guardas se fueron!"

–"¿Qué quiere decir con que se fueron?" –le pregunté.

–"Lo que escuchó. Se fueron. Una pandilla vino y les dio una paliza muy fuerte. Le cortaron la oreja a uno de los guardas y él está en el hospital. Todos los demás salieron corriendo. En resumen, no hay nadie cuidando el equipo. Le sugiero que si quiere que quede algo para mañana, suba a Los Cuadros a cuidar. En este momento mi esposo está buscando a alguien que esté dispuesto a quedarse durante la noche y vigilar el equipo hasta la mañana. Pero hasta que encuentre por lo menos diez personas, necesitamos que alguien esté en el lugar" –exclamó.

Asentí ir al lugar y cuidar el equipo hasta que el pastor pudiera sustituirme con algunos guardias. Me vestí con mi ropa para ejercicios: zapatos Nike, medias Nike, pantalones cortos Nike y una camiseta Nike. Como mencioné anteriormente, no me despierto rápidamente.

Subí a mi microbús y me dirigí montaña arriba, a una de las comunidades más peligrosas en toda Centroamérica, vestido como el muchacho de la publicidad de la marca Nike.

Al llegar al lugar no había nadie allí. Estaba vacío. Subí las escaleras hacia la plataforma y empecé a pasearme tranquilamente por la tarima y revisé todo lo que habíamos instalado. En ese momento pensé que la mejor forma de usar mi tiempo sería simplemente orar por la cruzada y por la comunidad.

Pedí al Señor que liberara a las personas de las ataduras de la drogadicción, de la violencia de las pandillas y la delincuencia. Súbitamente, una brisa fresca se levantó y empecé a despertarme. Me di cuenta de dónde estaba. Me di cuenta de la hora. Me percaté del vecindario en el que me encontraba. Y recordé cómo estaba yo vestido.

En ese momento miré hacia el lado de la plataforma y vi a veinticinco personas que emergían de la oscuridad en una comunidad infestada con violencia y drogas. El líder dio un paso adelante y dijo:

–"¿Qué cree usted que está haciendo?"

Le contesté con un poco de terror en mi voz:

–"Este... este...eeeh, estoy cuidando el equipo".

Se rieron con ironía. En ese mismo instante un microbús se acercaba rápidamente. Era el pastor con ocho nuevos guardas y algunos perros guardianes para acompañarlos. Y dije:

–"¡Vaya! Mira la hora, yo me voy de aquí".

Mientras me dirigía hacia mi vehículo, el líder hizo contacto visual conmigo y dijo:

–"Te veremos mañana por la noche".

Algo en mi interior me dijo que no iban a presentarse para adorar al Señor.

Dimos inicio a la primera noche de la cruzada. Durante las tres primeras canciones cayeron unas doce piedras que explotaron como granadas sobre la plataforma. La pandilla había venido a hacer estragos y no a "alabar al Señor". Nos acompañaba un equipo de jóvenes de Lancaster, California. Por motivos de seguridad, decidimos solicitarles, si no les molestaba, que permanecieran en el autobús. Una vez dentro del vehículo aseguramos la puerta con un fuerte candado.

Durante el tiempo de la música, algunos de los miembros de la pandilla fueron detrás de la plataforma y empezaron a estremecer el autobús que se encontraba estacionado a diez centímetros detrás de la tarima. Mecieron el autobús y lo hicieron golpear contra la plataforma. Era como predicar en medio de un terremoto.

A tres metros de la plataforma se encontraba de pie un narcotraficante. Estaba tratando de vender *crack* a un policía encubierto, quien con amabilidad le dijo:

–"Estás arrestado".

Pero este se negó y empujó al policía contra la pared. Mientras huía, no vio que había otro policía encubierto detrás de nuestra tarima. El oficial saltó, lo sujetó y lo tiró al suelo. Sacó su machete y golpeó al vendedor de drogas de forma tan brutal, tal como cualquier cinta de video de noticias que se ve actualmente.

Como si eso no fuera suficiente emoción, antes de que yo empezara a predicar, un miembro de la pandilla había traído consigo una palanca y se dirigió hacia un integrante de una pandilla enemiga y lo golpeó en la cabeza. Casi parte su cráneo en dos. Pensé: "Este es el servicio más 'emocionante' que he tenido en mi vida". Se formaron dos círculos y estalló una gran pelea. En ese momento tomé el micrófono y reprendí fuertemente a todos los que no respetaban el hecho de estar en la "Casa de Dios". La pelea se disipó y empecé a predicar.

Cuando estaba en la mitad del mensaje, los cinco líderes más temidos de la pandilla principal entraron al lugar. Comparados con ellos, los otros miembros de la pandilla eran considerados como peones. Cuando estos cinco individuos caminaron a través del terreno, la gente se hizo a un lado, incluso los encargados de la seguridad y los pastores. Finalmente se instalaron en una de las torres de luz y empezaron a buscar al muchacho que traía la palanca. Venían para vengarse. Su filosofía era: "... ojo por ojo, diente por diente".

En algún punto del mensaje ellos empezaron a molestarse con lo que yo predicaba. Por su comportamiento me di cuenta de que estaban comenzando a enojarse. Me temía que al final de la reunión tuviera que enfrentarme con ellos. Está de más decir que yo no estaba muy emocionado con esa situación.

Al otro lado de la calle había un hombre joven sentado sobre el techo de su casa; escuchaba el mensaje. Continué con el mensaje y recuerdo haber dicho lo siguiente:

–"Puedes escuchar voces en tu cabeza que te dicen que te quites la vida. Pero estoy aquí para decirte que Jesús ha venido para callar esas voces y darte libertad y paz. Ha venido a libertar a los cautivos. Toma su mano, y Él te libertará".

Tiempo después, el joven comentó que esa noche había planeado quitarse la vida. Las palabras que dije eran exactamente lo que él necesitaba escuchar. Como resultado, se bajo del techo, respondió al llamado al altar y entregó su vida a Cristo.

Recuerdo vívidamente el momento en que pedí que pasaran al frente los que querían tomar un compromiso con el Señor. En ese instante un ujier se puso de pie y caminó hacia la torre de luz. Él, solo, se acercó a los cinco líderes de la pandilla que seriamente me miraban con disgusto en sus ojos.

Se puso de pie frente a ellos y dijo:

–"Nosotros nos conocemos. Crecimos juntos en esta comunidad. Conocen a mi hermano también. Es drogadicto. Si él no cambia su vida, va a morir en las calles, al igual que algunos de ustedes. Desdichadamente, ustedes no han traído más que violencia y destrucción a este vecindario. Si tuvieran algo de sentido común responderían el consejo del predicador en la plataforma y harían un compromiso con Cristo".

Continuaron con su vista pesimista al frente, pero seguían escuchando. Él continuó diciendo:

–"Estoy seguro de que ustedes desean dejar este loco estilo de vida de autodestrucción, y también creo que si oramos juntos Dios los libertará de toda la tortura mental que enfrentan diariamente. Me gustaría orar por ustedes, ¿me lo permiten?"

Cuando el líder miró al ujier a los ojos, hizo una pausa y bajó su mirada. Se quitó la gorra y los otros hicieron lo mismo. Todos bajaron sus cabezas. Entonces el ujier comenzó a pedir a Dios que interviniera en sus vidas. Pidió al Señor que rompiera las cadenas de toda adicción y atadura. Suplicó que les diera la fortaleza que necesitaban para alejarse de esa vida de destrucción. Le pidió que les diera la fortaleza para llevar una vida de bendición. Luego hizo una pausa y dijo:

–"Siento que si todos pedimos perdón al Señor, Él nos liberará de las cadenas espirituales que nos han atado. ¿Por qué no pedimos juntos al Señor que nos perdone?"

En ese momento yo oraba por los que habían venido al frente a entregar su vida a Cristo. Cuando levanté mi vista, vi algo que me conmocionó. Vi al ujier con los cinco líderes de la pandilla arrodillados, que pedían perdón a Dios. Cuando terminaron de orar, vinieron al frente y me dijeron:

–"Jason, solamente queremos pedirle perdón. Usted verá... nosotros planeamos destruir el lugar completamente, pero ahora ya no tendrá que preocuparse por eso".

Como es lógico, suspiré con alivio. Tanta locura, violencia y destrucción, especialmente en una noche. El poder del amor de Dios transformó todo eso en solo unos minutos. Cristo rompió las cadenas de destrucción y maldad, y tornó los corazones que llevaban una vida de odio en corazones de amor. Corazones que una vez abrazaban enojo fueron transformados en corazones llenos de paz. Corazones que estaban encendidos por el resentimiento fueron cambiados en corazones lavados por el perdón de Dios. Corazones que estaban heridos fueron sanados. Dios tocó corazones que estaban inmersos en el caos y los convirtió en corazones elevados, con un propósito.

Una semana después de la cruzada, fui despertado por otra llamada telefónica. Adivinen quiénes eran. Eran los cinco ex pandilleros. Dijeron:

–"¿Es usted Jason Frenn?"

–"Sí" –contesté.

El líder dijo: –"Mire, sé que es muy tarde, pero solamente lo llamo para decirle que todos estamos bien. Acabamos de salir de una reunión de oración. Dios es muy bueno, ¿verdad?"

Contesté: –"Sí, de seguro lo es".

Me dijo: –"Espere un segundo, Juan quiere decirle 'hola'". Juan tomó el teléfono y dijo:

–"Oye hombre, ¡Dios es grande! ¡Está transformando mi vida! Espere un momento. Carlos quiere decirle 'hola'".

Carlos tomó el teléfono y dijo: –"Mi vida era un desastre, pero ¡Cristo me ha libertado! ¡Dios es tan bueno! Espere un momento. Roberto quiere decirle 'hola'".

Hablé con cada uno de los cinco muchachos por diez minutos y el tema de conversación era: "¡Dios es muy bueno!"

De hecho, Dios es bueno. Los cinco dejaron su pandilla y en seis meses eran líderes en iglesias de Los Cuadros. Hasta el día de hoy, la violencia de las pandillas y el crimen organizado en Los Cuadros nunca más ha sido igual como antes de esa cruzada.

El adolescente suicida que bajó del techo para entregar su vida a Cristo no fue una excepción, sino un fiel testigo del poder de Dios esa noche. Él también se dio cuenta del *poder para cambiar.* Me comentó que en unos cuantos días después de su experiencia con Cristo todos los pensamientos de suicidio empezaron a desvanecerse. Nuevos patrones empezaron a emerger a medida que empezaba a caminar con Cristo, a leer la Biblia, a asistir a una iglesia en su localidad y rodearse con amigos que tenían la misma fe. En los últimos ocho años ha sido líder de jóvenes en su iglesia y ha trabajado con un ministerio para niños llamado Exploradores del Rey.

Cada una de estas personas encontró la fuente de sus patrones de autodestrucción, y Dios les ayudó a lidiar con su dolor. Pero lo más importante fue que pudieron ir más allá y hacer algo importante con sus vidas. Se apartaron de la idolatría y dependencia de las drogas e hicieron de Dios el centro de su mundo. Cada uno de ellos reemplazó los hábitos de autodestrucción con hábitos que Dios enseña en su palabra. Ellos personifican el poder de Dios para cambiar.

El *poder de Dios para cambiar* actúa cuando somos responsables de nuestras vidas y entramos en compañerismo con Dios. Significa que nos miramos tal y como somos y pedimos la ayuda de Dios para alejarnos de la autodestrucción. Entonces damos inicio a nuestro caminar en armonía con las leyes de Dios. Como resultado, empezamos a experimentar sus bendiciones no solo para nosotros, sino para las generaciones que nos seguirán.

Ver las cosas desde una perspectiva diferente y poner en práctica nuevos hábitos es imprescindible, pero esto es solamente la mitad del camino de nuestra transformación. También necesitamos reconocer las heridas y el dolor, y liberarnos de toda la amargura y el enojo. Los miembros de la pandilla y el adolescente suicida fueron capaces de perdonar a muchos que los habían herido. Entendieron el cuarto paso: dejar que el pasado sea el pasado.

Paso 4: Dejar que el pasado sea el pasado

Hasta aquí hemos aprendido la importancia de renovar nuestra percepción de las cosas y verlas desde el punto de vista de Dios. La verdad es el ingrediente más importante para que podamos ver nuestras vidas como realmente son. A medida que estamos en comunión con Dios para aceptar el cambio, Él nos ayuda a llegar a la fuente de los conflictos que nos han mantenido encadenados. Empezamos a rescribir nuestros guiones y a reemplazar los patrones de autodestrucción con patrones de santidad, lo que nos lleva a este cuarto paso: ser perdonados y perdonar a otros.

De las enseñanzas de Cristo en el Nuevo Testamento, el perdón es uno de los aspectos centrales. Él comprendió que si las personas querían ser libres tendrían que perdonar a los que les habían causado dolor. Dos mil años más tarde, la importancia del perdón es la misma.

Hoy hay muchas personas que por años han cargado sobre sí enojo y continúan atadas a quienes las hirieron. Ahora más que nunca necesitan escuchar el mensaje de perdón. Con el fin de que seamos libres, debemos pagar todas las deudas. Podremos caminar en libertad cuando nuestras deudas estén saldadas. Ya no sigamos llevando más sobre nosotros las cargas que nos doblegan.

En marzo de 1999 mi esposa y yo planeábamos regresar de Centroamérica a los Estados Unidos de América para un año itinerante –para viajar a lo largo del país para levantar fondos para nuestro presupuesto ministerial–.

Recuerdo que estaba en una conferencia para ministros y escribía en mi diario de oración que necesitábamos un milagro financiero antes de regresar a California. En ese momento necesitábamos cerca de cinco mil dólares para comprar un vehículo, alquilar un apartamento y, si quedaba algo, comprar ropa para la familia. Pasó el mes de marzo. Pasó abril. No recibimos nada. Nuestro viaje estaba programado para el 24 de mayo.

El último fin de semana que estuvimos en Costa Rica prediqué en nuestra iglesia local, Oasis de Esperanza. Recuerdo con mucha claridad esa noche. Una de las ujieres se me acercó y preguntó si podía limpiar mis zapatos. Ella dijo:

–"Jason, ¿le molestaría si le limpio los zapatos? Es que se ven un poco sucios".

Para ser honesto, no me sentí humillado. Mis zapatos eran viejos y estaban en muy malas condiciones. Creo que mi esposa estaba más mortificada por eso que yo. En ese tiempo no podían encontrarse en Costa Rica zapatos número cuarenta y cinco. Así que tenía que usar el único par que tenía.

Me senté en la parte trasera de la iglesia y mientras ella limpiaba mis zapatos me dijo que debería cuidarlos mejor. Después de todo, le agradecí y ella regresó a su puesto.

Esa noche prediqué un mensaje sencillo de cómo Dios es el Dios de las segundas oportunidades. Cuando finalicé, el pastor asistente se acercó y me dijo que la iglesia iba a darnos una ofrenda, y me pidió que la utilizáramos según nos pareciera. La ofrenda era de mil dólares. Yo estaba agradecido con la iglesia y, por supuesto, con el Señor, por su generosidad.

La semana anterior a nuestra salida sabía que todavía necesitaba cuatro mil dólares. Fue en ese momento que recibí una llamada de mi suegro; me preguntaba si estaría interesado en traducir para un amigo mío.

Se trataba de una cruzada en California programada para el día siguiente a nuestra llegada. Los coordinadores necesitaban un intérprete de castellano a inglés. Me sentí muy honrado con la invitación y le contesté que con mucho gusto les ayudaría.

Cinco días después, el 24 de mayo, nos dirigimos hacia California del Sur. Esa noche comimos en el famoso restaurante *Cheesecake Factory* en Newport Beach. Era una noche preciosa y una forma grandiosa de regresar a casa después de cuatro años de servicios en el extranjero.

A la mañana siguiente desperté muy temprano, cerca de las cuatro de la mañana, con terribles dolores estomacales. Tal y como acostumbro cada mañana, corrí tres kilómetros, pero el dolor aumentaba cada vez más. En mi última vuelta pedí al Señor que interviniera, ya que tenía que traducir en la noche para un evento importante. Fue increíble. El dolor comenzó a desaparecer a los cinco minutos.

Nos dirigimos hacia la cruzada cerca del mediodía y nos detuvimos en un centro comercial para comprar un par de zapatos nuevos. No quería que en la cruzada me vieran empujando los dedos de mis pies contra las suelas.

La primera noche de la cruzada estuvo bien; sin embargo, me sentía un poco exhausto. La segunda noche fue mucho más tranquila, y el predicador hizo un trabajo sobresaliente al comunicar el mensaje.

La mañana siguiente el predicador y yo fuimos invitados a desayunar junto con los pastores que proveyeron el sostenimiento económico para la cruzada. Llevé a mis tres hijas conmigo. Después de desayunar, el coordinador dijo:

—"Muchas gracias por servirnos de esta manera, en verdad has bendecido nuestros corazones". Después de entregar un sobre al predicador, se volvió hacia mí y me entregó otro sobre. Supuse que era una ofrenda por haber servido como intérprete en el evento. Así que pregunté si podía utilizar ese dinero para cualquier necesidad que tuviera. Me contestó:

—"Por supuesto".

Después de abrazarnos y despedirnos, les dije a las niñas:

—"Vamos a caminar por la playa, busquemos un parque". Estaban muy emocionadas.Cuando íbamos en nuestra búsqueda del parque empecé a preguntarme qué habría dentro del sobre. Usualmente no abro un cheque de ofrenda en público. No quería dar una mala impresión a los pastores. Así que diez minutos más tarde encontré un par de hamacas y un parque de juegos infantiles. Las niñas de inmediato empezaron a escalar como monos sueltos en un árbol.

Saqué el sobre de mi bolsa y pensé: "Bueno, probablemente es un cheque por 250 ó 300 dólares. Abrí el sobre y desdoblé el cheque. ¿Qué decía el cheque? Al principio no podía creer lo que miraban mis ojos. "Esto no está correcto", pensé. La cifra en números decía "US$ 4.000". Froté mis ojos para asegurarme que mi visión estaba bien. Así que los enfoqué en la parte donde se escribe el monto del cheque en letras. Decía: "Cuatro mil dólares".

Lo siguiente que recuerdo fue a mis hijas agrupadas sobre mí moviendo sus manos frente a mi cara y que me preguntaban:

—"Papi, ¿estás bien?"

En otras palabras, casi me desmayo. Salté y grité:

—"¡Aleluya! ¡Dios es nuestro proveedor!"

De hecho, Él es nuestro proveedor. Dancé alrededor del pequeño parque, tal y como lo hizo Peter Pan después de vencer a Hook.

En un poderoso soplido, Dios borró cada una de las necesidades financieras que teníamos. Había suficiente dinero para comprar el vehículo, alquilar el apartamento y comprar alguna ropa a toda la familia. Estaba muy emocionado. Todos estábamos emocionados.

Habían pasado ya cerca de seis semanas desde que iniciamos el viaje itinerante. Manejábamos de California hacia Tennesse, y pasamos la noche en un hotel en Nuevo México cuando recibí una llamada en el celular. La voz en el otro lado de la línea se escuchaba muy seria, parecida a la de Largo, el personaje de la serie de los Locos Adams.

Él dijo: –"¿Hablo con Jason Frenn?"

Y contesté: –"Sí".

Sin vacilar, dijo: –"Soy el contador de la cruzada en la que usted nos ayudó hace unas seis semanas. Según entiendo usted fue el intérprete. Cuando recibió un sobre con la ofrenda, ¿por casualidad este contenía un cheque por la suma de cuatrocientos dólares?"

El tiempo se detuvo. El mundo se detuvo. O tal vez, yo me detuve.

Allí estaba yo, sentado en la habitación de un hotel hablando por un celular en algún lugar entre Alburquerque, Nuevo México y Amarillo, Texas. Las niñas estaban en la piscina con mi esposa. Me sentí como un fugitivo. Sentí como si me hubieran quitado la alfombra que estaba debajo de mis pies. Pensé: "Houston, ¡tenemos un problema!"

Respiré profundamente y dije: –"¡No, no! El cheque que me dieron era por la suma de cuatro mil dólares".

Él dijo: –"Bueno, ha habido un gran error. Para ser exacto, un error de tres mil seiscientos dólares".

Dije: –"El cheque que usted me dio era por la suma de cuatro mil dólares. Cuando lo abrí me aseguré que tanto en números como en letras decía 'cuatro mil'".

Él respondió: –"Necesitamos resolver este problema. ¿Está usted seguro del monto?"

Entonces respiré aún más profundamente y dije:

–"En marzo pasado escribí en mi diario de oración que necesitaba exactamente la suma de cinco mil dólares para poder regresar a los Estados Unidos, comprar un vehículo, alquilar un apartamento y comprar algo de ropa para mi familia para nuestro año itinerante. La última semana que estuvimos en Costa Rica, nuestra iglesia local nos dio una ofrenda de mil dólares. Recibimos una llamada telefónica diciendo que necesitaban un intérprete para la cruzada. Literalmente, el día después de que aterrizamos en California del Sur, manejé a la cruzada para interpretar al predicador durante dos noches. Al día siguiente del evento, el coordinador me entregó un cheque por la suma exacta que necesitábamos para enfrentar ese año.

Sin embargo, si usted dice que el monto del cheque fue un error y que debemos devolverle la diferencia, pues voy a necesitar un poco más de tiempo. Porque esa plata... ya se fue".

Hubo una gran pausa del otro lado del teléfono. Después de cinco segundos, él dijo:

–"Si usted me dice que cuatro mil dólares era la suma exacta que ustedes necesitaban, y que el Señor hizo que yo escribiera esa suma en el cheque, entonces esa debe ser la voluntad de Dios. Quédese con los cuatro mil dólares. Veré cómo me las arreglo. ¡Dios lo bendiga!"

Y colgó el teléfono.

En seis cortas semanas pasamos de necesitar cuatro mil dólares y pagar todas nuestras deudas, a deber tres mil seiscientos dólares. ¡Qué montaña rusa!

Sin embargo, cuando se calmó la tormenta, era asombroso haber sido perdonado. El sentimiento de tener una deuda perdonada es increíble. Cuando alguien le dice a usted:

–"No se preocupe por el dinero que me debe. Me haré cargo de eso", no hay palabras que puedan describir su agradecimiento. Uno se siente colmado de gratitud.

De la misma manera, Jesús murió en la cruz por usted y por mí. Él pagó cada deuda espiritual y pecado que nosotros hayamos cometido en nuestras vidas.

Él dice: –"No hay forma de que puedas pagar la deuda. Por lo tanto, no te preocupes por eso. Ya me hice cargo en la cruz".

Al igual que el contador del predicador de la cruzada nos perdonó los tres mil seiscientos dólares de sobregiro –un descuido para ellos, un milagro para nosotros– Dios nos perdona y hace borrón y cuenta nueva. Pero al igual que en el baile argentino, una persona sola no puede bailar un tango.

Se requiere de dos para bailar un tango

El perdón es una carretera de dos vías. La Biblia nos llama a perdonar de la misma manera en que hemos sido perdonados por Dios. No podemos simplemente recibir el perdón y guardar resentimiento y enojo hacia otras personas. Si hacemos esto podemos perpetuar un ciclo de autodestrucción en nuestras vidas. La amargura y el enojo crecerán en el huerto de nuestro corazón, y las víctimas no son las personas que odiamos, somos nosotros mismos.

La amargura y el enojo son un veneno que tomamos mientras esperamos que nuestro ofensor muera. Esto solo nos hiere e, irónicamente, nos mantiene firmemente atados a quienes nos han ofendido hasta el día que los liberemos.

Además, el perdón no depende de si el ofensor busca o desea ser perdonado. Al igual que nosotros, libremente lo recibimos, libremente lo damos. La Biblia es clara en cuanto a esto, tal y como lo menciona en Lucas 11:4: *"Perdónanos nuestros pecados, porque también nosotros perdonamos a todos los que nos ofenden"* (énfasis agregado). De la misma manera que recibimos el perdón, lo extendemos a cualquiera que nos ha ofendido. Este es el plan de Dios. Esta es su voluntad. Este es el trato de Dios con nosotros. Si actuamos de esta manera, cosecharemos beneficios increíbles para nuestra vida personal, emocional, física y espiritual.

A fin de cuentas, perdonar y ser perdonados libera un peso de nuestros hombros emocionales que no puede ser medido. Prepara el escenario para el paso final de nuestra transformación: vivir la vida como un libro abierto.

Paso 5: Vivir la vida como un libro abierto

En mi vida personal solo hay unas pocas cosas que no revelaré. Trato de vivir mi vida como un libro abierto. Me he dado cuenta de que al hacerlo estoy en menor peligro de salirme del trayecto.

Cuando usted permite a aquellos a quienes rinde cuentas ver su vida tal y como es, ellos lo ayudarán a mantenerse por el buen camino. El formar un grupo de personas santas que le den guía y liderazgo es uno de los pasos más importantes en nuestra transformación. Si encubrimos nuestras acciones y valores, estamos en gran peligro de perder el rumbo. Tarde o temprano, al perder el rumbo de nuestra vida, tendremos consecuencias mortales, para nosotros y para quienes están más cerca de nosotros.

Por lo tanto, necesitamos los ojos, los oídos y los sentidos de las personas de la misma fe para que nos guíen. En otras palabras, necesitamos su objetividad en tiempos de turbulencia y transición.

En los últimos cinco años, he viajado más de 180.000 kilómetros. Algunas aerolíneas permiten a los pasajeros escuchar conversaciones de tráfico aéreo entre la torre de control y la cabina del piloto.

Hace algunos años íbamos en un vuelo de Chicago al Aeropuerto John Wayne, en Santa Ana, California. A una altitud crucero de 12.000 metros nos acercábamos a los desiertos de California del Sur.

La torre de control dijo a nuestra tripulación de vuelo que iniciaran el descenso a un nivel de vuelo de 6.000 metros. Era un día maravilloso en California del Sur. No había ni una nube en el cielo. La visibilidad era de por lo menos noventa kilómetros.

A medida que nos acercábamos a San Bernandino, la torre de control continuó bajando nuestro nivel de vuelo hasta que llegamos a la ciudad de Orange. Allí fuimos instruidos a bajar a una altitud de 1.500 metros. Estábamos en los últimos ocho kilómetros y nos acercábamos a la base marina de helicópteros ubicada en Tustin. El descenso en el aeropuerto John Wayne es de alguna manera difícil, debido a las regulaciones de ruido y el alto tráfico aéreo en el área.

Además de evadir el tráfico aéreo de la base marina y disminuir el ruido, nuestro vuelo estaba combatiendo el viento de costado. Súbitamente, escuché a la torre de control decir a nuestros pilotos:

–"Vuelo número 251, gire diez grados a la izquierda".

No había respuesta de parte de nuestra tripulación de vuelo. La torre de control repitió:

–"Vuelo 251, gire diez grados a la izquierda, por el tráfico".

Nuevamente, no había respuesta. Finalmente, la torre de control exclamó:

–"Vuelo 251 ¡gire a la izquierda de inmediato!"

Cuando el primer oficial respondió, pude escuchar a través de la transmisión de radio una señal de advertencia que se apagaba en la cabina de mando. Él respondió:

–"¡Lo estamos haciendo!"

El avión ladeó rápidamente a la izquierda, y en el lado opuesto del avión mi hija menor dijo:

–"Mami, mira un avión".

Un pequeño Cessna iba hacia una colisión con nuestro 757 a unos cinco kilómetros de la pista. Nos ladeamos hacia la izquierda justo a tiempo.

Si los pilotos no hubieran prestado atención al llamado de la torre de control, hubiese sido un día trágico. En un minuto, el vuelo estaba sin novedades. Segundos más tarde, casi tuvimos una colisión en el aire. Nada impedía la visión del piloto. No había nubes, ni humo, era casi medio día.

Piense solo por un momento. ¿Cuántas veces ha dejado "los pelos en el alambre" en su automóvil o al cruzar una calle? En mi caso, el número de ocasiones es incontable. Si su vehículo hubiese cruzado la intersección segundos antes o después –cuando otro vehículo cruzó con luz roja– su vida hubiese sido seriamente afectada.

Su grupo de amigos lo ayudará y lo mantendrá dentro del rumbo de la vida. Al igual que la torre era los ojos para los aviones que volaban ciegos, aún en un día claro, su grupo de amigos lo guiará dentro de la pista, ya sea que el clima esté bien o no. Usted lo necesita. Este es el plan de Dios para su vida.

Así que, viva su vida como un libro abierto. Sus amigos santos le ayudarán a mantenerse en el curso de Dios para su vida. Sin ellos, una tragedia podría ocurrir a la vuelta de la esquina.

Una palabra final

Para finalizar, quisiera decirle, mi amigo: mantenga el curso. El viento podrá soplar y la turbulencia hará que el aire alrededor de usted sea inestable. Pero Dios le proveerá la guía que necesita. Él será el satélite que le dará una referencia precisa. Espere retrasos. El cambio en su vida no se produce de la noche a la mañana. Se realiza un día a la vez. Muchos de los patrones de destrucción en los cuales nos encontramos nos tomó años adquirirlos. Asimismo, puede tomar un poco de tiempo alejarnos de ellos. De muchas maneras, el *poder para cambiar* es similar a hacer una dieta.

Si tardamos veinte años para aumentar veinte kilos, no podemos perder ese peso en una semana. Solo recuerde: Dios está de su lado, y usted ganará la buena batalla.

Además, recuerde: *"El que tenga oídos para oír, que oiga"*. En la pelea de la vida nadie ha peleado tanto para llamar su atención como lo ha hecho Dios. Nadie ha tratado de sacarlo de la cuneta, como el Señor. Usted fue creado para ser su hijo o su hija. Ese es su plan, porque usted es la niña de sus ojos.

Él desea cambiar sus desastres en victorias. Él quiere ver a sus hijos caminar en sus bendiciones. La depresión y la alienación que usted ha sufrido pueden ser rotas por medio del compañerismo que tenga con Él.

Nadie desea más que Dios que usted sea bendecido. Nadie quiere ayudarlo más de lo que Él desea hacerlo. Nadie ha ansiado tanto ayudarle como Él. Nadie quiere más que Él, que usted experimente una vida nueva. Es por eso que escribí este libro.

La única solución verdadera para romper las cadenas de opresión, adicción y disfunción es el poder que Cristo nos da a través de una relación diaria con Él.

Muchas otras soluciones pueden funcionar, algunas temporalmente. Pero solo Cristo puede liberar. Solamente Él puede garantizar una vida en abundancia, que nos permita VIVIR. Ese es precisamente mi anhelo para usted y mi oración por su vida. Le pido al Señor que le otorgue una vida nueva. No quiero que usted sobreviva en la vida. Mi deseo es que usted VIVA.

En casi cada capítulo he escrito una oración que puede usar como ejemplo. Esta vez quiero cerrar este libro y nuestro tiempo juntos como una oración por usted:

"Señor, levanto a mi amigo(a) ante tu trono y te pido que llenes cada espacio de su vida. Toca su vida y libértale de cualquier fuente de atadura. Oro que tú enmudezcas cada fuente de diálogo interno negativa y todas las voces diabólicas que están como un enjambre en los patrones de pensamiento en su corazón. Que los ataques del enemigo cesen y de inmediato empiecen a retroceder. Oro para que reveles cada fuente de destrucción que se ha plantado en su corazón, para que pueda ser removida. Motiva en él prácticas santas y acércalo a ti, protégelo del desastre espiritual. Dale la fuerza que necesita para vivir una vida de perdón y libertad de toda amargura. Rodéalo con personas que le ayudarán a rendir cuentas y mantenerse en el curso correcto. Te pido que su pasado, presente y futuro deje un legado de tu fortaleza y testimonio. Finalmente, te pido que como uno de los que te aman y guardan tus mandamientos, sea grandemente bendecido por miles de generaciones. Oro en tu precioso y santo nombre, Jesucristo, amén".

¡El Señor lo bendiga ricamente en cada área de su vida!